JN246495

The First Classroom

世界基準の幼稚園

6歳までにリーダーシップは磨かれる

世田谷ファースト・クラスルーム
橋井健司

はじめに

ビジネスの最前線でふれた日本人の「弱さ」

現在、私は東京都世田谷区にある幼児園「First Classroom（最初の学校）」を経営しています。

グローバル基準の保育方針を実践して11年になる、幼稚園と保育園の一体型スクールです。

実は、世田谷区でいちばん保育料が高い園です。でも、毎月開く入園説明会にはつねに保護者の方が話を聞きに来てくださいますし、毎年定員を上回る入園希望をいただいています。

人生で初めて家族以外と長時間を過ごす場所、人生で初めて「学び」を得る場所が、日本の画一的で規律に満ちたものではなく、世界基準であってほしい。園名には、そんな思いが込められています。

それ以前はずっと、米国・ワシントンＤＣに本社を構える外資系企業に勤務し、国際コンベンションのオーガナイザーとして働いていました。特定のテーマのもとに、世界中から関心のあるリーダーを集め、交流を促し、新しい市場や製品、サービスを生み出すことを導く仕事です。さまざまな産業、企業、人材の育成支援をおこない、海外数十カ国の人々と接してきました。

そんななか、私がいつも悔しい思いをしていたのは、**国際的な場における日本人の「弱さ」**にふれたときでした。英語を話せる人でも、外国人と対等に付き合えない。国際的な場になると、日本人はとたんにリーダーシップを取れなくなる。そんな状況に、いつも疑問を抱いていました。

海外の人たちは、たとえ技術やアイデアが完璧でなくても、常に自信をもってアピールしていました。たいしたことのない意見でも、堂々と語ろうとします。プロジェクトが進むにつれて、不完全だったアイデアは少しずつ軌道修正され、洗練され、ついには最も輝きを放つアイデアとなって激しい競争を勝ち抜いていった場面に何度も立ち合いました。日本の企業、日本のビジネスパーソンには決して見られなかった姿です。

月並みな意見でも臆することなく述べていく欧米のビジネスパーソンに比べ、「そうですよね〜」「たしかに〜」とあいづちばかり打っている日本人は、そもそもビジネスの場に臨む姿勢に根本的な違いがあったといえます。

しかし、突き詰めればそれは、英会話やプレゼン能力以前にある人間力の差ではないのか？「意欲」「行動力」「決断力」「責任感」「コミュニケーション能力」といったファンダメンタルな人間力の差がそうさせていたのではないかというのが、外資系企業に勤めていた当時を振り返って思う、私なりの「弱さ」の総括です。

たとえば、新しい事業を立ち上げるとき、企業、官公庁、学術機関のリーダーたちは優秀な人材を確保しようと奔走します。しかし、彼らの悩みは決まって新事業に必要な経験やスキル以前に、人として最低限の資質を兼ね備えた人材にめぐりあえないことでした。

日本だけでも数百社、数百団体の方々との交流がありましたが、日本のリーダーたちは、海外のカウンターパート（対等の立場にあるリーダー）に比べれば、その資質にかなりの違いがありました。日本人の多くは事あるごとに、「私一人では決められない」「上司の許可が必要」

と、自分では何も決められないことをほのめかしながら大切な交渉に臨み、ぐずぐずしている間にほかの国や企業との競争に敗れていきました。

また、日本人のリーダーの多くは新しい課題を提案されると「まずは否定から入る」ことがほとんどでした。しかし、欧米人の大半はとりあえず肯定から入るのです。

幼児期の過ごし方が一生を決める

このような「人材不足」の問題に何か解決策はあるのだろうか？

その答えにたどり着いたのは、私が国際的ビジネスの場を離れ、まったくの異業種である幼児園の経営にたずさわってからのことでした。日本の幼児期（1〜6歳）の子どもたちの環境が、国際的に活躍できる人材に不可欠な資質をことごとくむしり取っている現実を目の当たりにしたのです。

0歳の赤ちゃんが6歳になるまでの6年間は「人格形成期」とも呼ばれ、個々の人生に大きな影響を与えるといわれます。「6歳まで」とリミットが設けられているのは、身体の器官や神経の発達が人格の形成に密接に関わるためです。

現代の日本人は結婚も出産も昔に比べてずいぶん遅くなりましたが、6歳頃になれば乳歯が永久歯に生え変わり始め、小学校高学年を過ぎれば、第二次性徴期に入るのは昔もいまも変わりません。心の発達と密接な関係をもつ内臓器官の成長は、6歳までに発達全体の40%まで進むといわれます。情動を司る大脳辺縁系の扁桃体という部分は、6歳くらいまでにつくられることが医学的に示されており、最近の脳科学研究では情動が理性をコントロールするともいわれています。

つまり、肉体的にも精神的にも、子どもから大人へと変化する通過点の一つが6歳であり、大人としての知識や経験、行動原則や社会との関わり方は6歳までに築かれた土台の上に少しずつ構築され、定着されていくということです。

にもかかわらず、その最前線である幼稚園・保育園、ご家庭でも、「意欲」「行動力」「決断力」「責任感」「コミュニケーション能力」といった人間力の核となる資質を養う子育ては、ほとんど意識されていないようです。

子育てには「正解」がない？

欧米のビジネスパーソンが日本人にはない「良い面」をたくさんもっているのは、商習慣や国民性の違いを超えて、幼児教育そのものに大きな違いがあるからではないか？　そんな仮説にもとづき欧米の幼児教育について調べてみると、たしかにその違いは歴然でした。

端的にいえば、**欧米諸国の子育ては子どもを「主体的な意思をもつ存在」と捉える**のが前提です。また、子どもが早くから自律的に行動し、周囲と協働できるようにするため、子どもたち一人ひとりが異なる発想を抱いたり異なる行動を取ったりすることを良しとする援助が一般的です。

対する日本の保育・幼児教育の特徴は、子どもは大人が「教え導く存在」と捉える傾向にあります。同時に、「子育てに正解はない」という一見もっともらしい方法論が広く市民権を得ています。

私自身、保育や教育にマニュアルや正解があるとは思っていません。しかし、保育や教育現場の先生たちの多くが各々の価値観や経験だけを頼りに、なかば〝好き勝手〟に子育てをしている現状には違和感を禁じ得ません。

むしろ私は、子育てについて調べれば調べるほど、あるいは調べたことを実践すればするほど、「子育てに正解はある」と確信するようになっていきました。

3つの資質をバランスよく伸ばす

じつは子育てというのは、「こういう資質をもった人間に育てたい」という明確な目標設定と、「そのためにはどのようなアプローチが必要か」という理論や根拠にもとづく方法論がセットになっていれば、おのずとねらいどおりの成果が現れてくるものです。

現在、私の園が掲げている子育ての目標設定、すなわち「こういう大人に育ってほしい」という理想像は主に次の3つの資質をバランスよく兼ね備えた人物です。

①パワフルな内発性を備えた**「自力で壁を突破できる人」**
②ポジティブな個性を備えた**「革新的な提案ができる人」**
③アクティブな協調性を備えた**「誰とでもうまくやれる人」**

逆に、この3つの要素を欠いているのが日本人の弱さです。

「理論や根拠にもとづく方法論」とは、文字どおりこれまで世界中で積み上げられてきた保育や幼児教育に関する研究成果にもとづいた子育てのことです。

子どもの発達や成長の仕方に個人差があるのは当然ですが、それでも発達理論をベースに工学的な発想や思考法で子どもたち一人ひとりの成長を援助すると、子どもは一人の例外もなく真っ直ぐに伸びていくのがよく分かります。幼児教育の権威でもない私がそう言い切れるのは、そのような子どもたちの姿を毎年のように見てきたからです。

日本人に最も欠けていると思われるリーダーシップ能力も、理論にもとづき自立の援助をしてあげれば、その土台となる決断力、意思を貫く力、思いやりや責任感が自然に育っていきます。

もちろん、すべての人がリーダーを目指す必要はありませんが、強いリーダーシップ能力をもつということは、同時に豊かなフォロワーシップ能力ももつということです。自分が先頭に立つのか、周りで支えるのかというポジションの違いだけで、社会的に求められる基本的な能力自体に違いはありません。

6歳までに磨きたい3つの能力

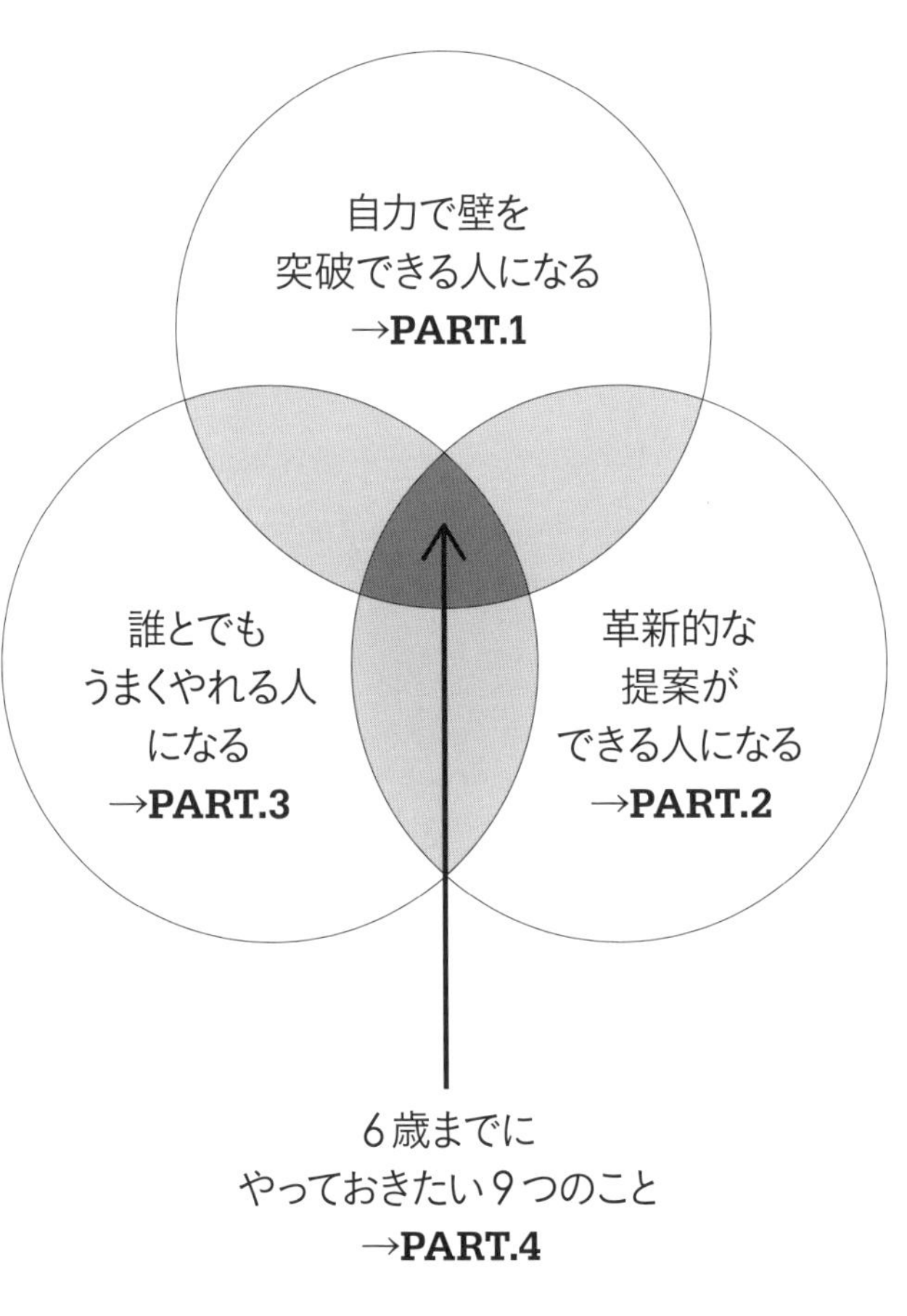

書店に行けば、ビジネス書の棚には数々のビジネス書が並んでいます。プレゼン上手になる、リーダーシップを身につける、課題発見能力を身につける、コミュニケーション上手になる……。

ではなぜ、私たちは大人になる前に、その術を身につけられなかったのでしょうか。その大きな理由に、6歳までの育てられ方が関わっています。いまあなたが「こういう大人になりたかった」という理想像があるとしたら、幼児期にその基礎がうまく築かれなかったのかもしれません。

それならあなたのお子さんに、そうしたスキルをもった大人になるための子育てをしてあげませんか？

先に述べた「3つの資質」を伸ばすために、私たちが実践していることが参考になりましたら、この上ない喜びです。

世界基準の幼稚園 —— 目次

PART.2

革新的な提案ができる大人に育てる6つの理論

装丁・本文デザイン／石塚健太郎（kid,inc.）　編集協力／藤山和久　図版製作／キンダイ

PART.1

自力で壁を突破できる大人に育てる6つの理論

――パワフルな内発性を育む

心の内側から熱くなれる子だけが、つまずいても自力ではい上がれる

人を動かす「動機」には、主に2つの種類があります。

一つは、ごほうびや報酬といった外側からもたらされる動機。もう一つは、自発的に「やりたい」と湧き上がる内側からの衝動です。

どちらも意欲を刺激する効果は同じですが、いざ壁にぶつかり行く手を阻(はば)まれたとき、それでもくじけず前を向いて歩いていける人は、間違いなく後者の動機で動き始めた人です。そのような人たちに例外なく備わっている資質が「内発性」です。

どのような環境にあっても自分から主体的に行動できる人は、みな小さな頃からパ

ワフルな内発性を備えています。内発性とは熾火（おきび）のようなもので、漆黒の炭が赤々と燃え上がるまでは辛抱強く待つしかありませんが、いざ燃え始めれば、その火が生涯にわたって周囲を温かく包みこみ、明るく照らすエネルギーに変わります。強いリーダーシップを発揮する人、現状を打破するイノベーション能力に長（た）けた人は、いずれもパワフルな内発性が人格形成の要になっています。

小さな頃から、「いい大学に入りなさい」「いい会社に入りなさい」で頑張ってきた人が、結局使えない〝指示待ち人間〟になってしまうのは、外部から与えられた動機だけにしがみつき、内発性の炎が一度もゆらめくことなく大人になってしまったから。誰にでもある内発性の芽を大切に大きく育ててあげるのは、周りにいる大人たちの責任です。

おおよそのタイムリミットは6歳まで。いま親として子どもにしてあげられることをお話ししていきます。

1 すべての土台は「愛着」

なぜパパではなく、ママなのか？

同じクラスのお友達に思わず意地悪をしてしまった女の子が、先生から注意を受けました。目にはみるみる涙が溜まり、いまにもこぼれ落ちそうです。大きく息を吸い込んだ女の子がそのあとどんな言葉を発して泣き始めるか、保育の現場で働いている先生たちはみんなよく分かっています。

「ママがいい〜、ママがいい〜」

いくら叫んでも来てくれないと分かっているのに「ママがいい」。自分の非があきらかなときほど、母親に援軍を求めるかのように「ママがいい〜」と叫びます。

子育てに積極的に関わっていらっしゃる素敵なお父さんたちも多いのに「パパがいい〜」と言って泣く子は一人もいないので不思議です（お父さんのみで子育てをされているご家庭の場合は違うかと思います）。風邪をひいて体調が悪いときも、転んでひざをすりむいたときも

「ママがいい」です。目の前で優しい先生が手を差しのべているというのに、子どもたちが探しているのは優しいママの姿だけです。

どうしてパパではなく、ママなのか？

これは英国の心理学者・精神分析学者ボウルビィが確立した「愛着理論」（Attachment theory）によって説明されています。

愛着理論とは、「子どもは社会的、精神的発達を正常におこなうために、少なくとも一人の養育者と親密な関係を維持しなければならず、それがなければ子どもは社会的、心理学的な問題を抱えるようになる」というものです。

子どもはたった一人の母親（または養育者）を心の拠りどころと定め、愛着を形成することで初めて、目の前に横たわる課題に挑戦する意欲が湧いてくるのだといいます。子どもにとって心の拠りどころとなるのは、まずはパパではなくママなのです。

自分にとっての「安全基地」である母親から、「私は無条件で愛される価値があるのか」「誰よりも庇護される価値があるのか」、子どもは常に推し量っています。仮にその条件が満たされなければ、子どもは他者への関心を正しく抱けず、新しい課題に挑戦する意欲も湧いてきません。内発性の芽も伸びていきません。

私の園の子どもたちも、まさにこの理論どおりの動きを見せます。

母親との愛着形成がしっかりできている子どもは、総じて何事にも意欲的で、情緒も安定しています。しかし入園当初、何事にもあまり意欲を示さなかったり、情緒面に不安定さを感じさせたりする子どもは、母親に子どもと濃密な時間を過ごす余裕がなく、愛着形成が不十分と思われる状態にあることがよくあります（または不規則な生活習慣が原因の場合もあります）。子どもを早く自立させようとするあまり、意識的に距離を取りすぎていることが原因の場合もあります。

「うちの子は何事にもあまり興味を示さない」

「もう4歳だというのに、お友達への関心が薄い」

と感じている方がいらっしゃるなら、まずは子どもの求めに応じて、これまで以上に母子の絆を深めるような関わりを増やしてあげましょう。子どもの話を聞いてあげるだけでも構いません。しだいに、自分から新しい遊びに興味を示すようになったり、お友達と積極的に遊ぶような姿を見せてくれるはずです。

自己実現の欲求

社会的承認
の欲求

所属と愛情の欲求

安全欲求

生理的欲求

高次の欲求
（内的に満たされたい）

低次の欲求
（外的に満たされたい）

成長につれ、欲求のステップが上がっていくまだ何事にも意欲的でない時期に、間違ってもやってはいけないこと。それは、**子どもに「刺激」を与えようとして習い事に通わせたり、集団生活のなかに無理やり放り込んだりすることです。**愛着形成の観点からは完全に逆効果です。

米国の心理学者マズローは、自身が提唱した「欲求階層説」のなかで、「所属と愛情の欲求」が満たされなければ、その次の段階にある「社会的承認」や「自己実現の欲求」は生まれないと指摘しました。

母親との愛着形成は、下から3番目に位置する「所属と愛情の欲求」の段階です。次のステップに駆け上がるためにも、まずは盤石な「安全基地」の建設が急がれます。

スキンシップも交えて気持ちを100%伝える

母親（または養育者）との安定した愛着形成は、必ずしも母子が共に過ごす時間に比例するわけではありません。共に過ごす時間が長くても、子どもからの問いかけに対して無表情で反応したり、適当なあいづちを打っているだけではNGです。また、愛着とは「=スキンシップ」のことではありませんが、ある程度のスキンシップも必要です。

子どもは相手の表情、感触、距離感などを、大人の何倍も敏感に嗅ぎとる生き物です。親子で会話するときは、子どもと視線の高さを合わせ、顔を近づけ、ときには身体をさわりながら表情豊かに話しかけると、その効果は何倍にもなります。とくに6歳までの子どもは、視覚、触覚、嗅覚を総動員しなければ相手の感情をしっかり読みとれません。

欧米の映画などを観ていると、親子がとても親密に会話するシーンが出てきますよね？　理想的なのは、あの距離感です。

私も園児と話すときは、身ぶり手ぶりを交え、肩や手にふれながら少々大げさすぎるくらいのアクションを心がけています。そうやって話したほうが、やはり自分の気持ちが伝わっているのを感じます。

照れてしまうという人は、自分が役者になったつもりで演じてみるのも一案です。大丈夫、すぐに慣れて自分のものになりますので。

愛着形成と時間の関係

愛着形成と時間の長さはまったく関係ないのかと問われれば、それもまた違います。

幼稚園教育のバイブルともいうべき『幼稚園教育要領』（文部科学省）には、「一日の教育時間は4時間を標準とすること」と明記されています（平成20年の改訂で「教育課程に係る教育時間」に変更）。逆にいえば、それ以外の時間は家族が見守る環境で過ごすことが望ましいという意図があったのかもしれません。

最近は保育園の預かり時間が長時間化し、昼食と夕食の二食を園内でとる子どもも珍しくなくなりました。ただ、「愛着形成の時間」という観点からは、保育園で過ごす時間が長すぎるのも心配です。

夕食を出していない私の園では、ある医師をしているお母さんは、お迎えの時間までに仕事が終わらない日は白衣のまま現れて3歳のお子さんを仕事場（病院）まで連れていかれます。「やったー、ママの病院に行ける」と子どもは毎回大喜びですが、お母さんの涙ぐましい努力と職場のみなさんの温かい応援には頭が下がる思いです。仕事と子育ての両立はどのご家庭でも簡単ではありませんが、かたちはどうあれ母親と過ごす時間が十分確保されている子どもは、おのずと愛着形成が強く、確実なものになっていくのは間違いありません。

愛着形成について語るときに、いつも思い出される話があります。

数年前、私の園に毎朝ピアニカを弾いている5歳の女の子がいました。音楽教室に通っているわけでもなく、園の行事に向けて練習しているわけでもないのですが、ただひたすらにいろいろな音を鳴らしていました。

ある朝、その子のピアニカをまじまじと見ると、それは全体的に色の褪せた年代物で、いまにも剥がれそうな音階シールが鍵盤の上でひらひらと揺れていました。園で購入したものではなく、自宅から持参したもののようでした。

「これ、ママがむかし弾いていたものなの」

その子は毎朝お古のピアニカを弾きながら、自分が母親と一体化する感覚を抱き、自分と同じ年頃だった母親と「対話」していたのでしょう。これもまた、かたちを変えた愛着形成の一つではないかと思います。母親が大切に使っていたものを子どもに譲りわたすことは、どんなに高価なプレゼントよりも価値があります。

いま、小さなお子さんがいらっしゃるご家庭は、何か一つでも乳児期に使っていたものを保管しておいてあげると、それがあなたの「孫と子」の愛着形成を後押しする最高のプレゼントになるかもしれません。

なお、念のために申しておけば、愛着形成の相手は必ずしも母親でなければならないとはされていません。また、子育ての負担はすべて母親が負うべきとも私は考えていません。

ただ、日常的に子どもたちの様子を観察していると、乳幼児期の子どもにとって母親は唯一絶対の存在です。そのような偉大な存在である母親を、社会全体で物理的、経済的、精神的に支えていく方策を考えるのが、いま私たちに投げかけられている子育ての課題ではないかと思っています。

パワフルな内発性を育むために①

すべての基本は親からの愛。
世界の誰よりも愛しているという気持ちをしっかり伝えてあげましょう。

2 「ほめる」のではなく「ありがとう」をたくさん伝える

「ほめて育てる」の罠

「子どもはほめて育てるべき」という意見があります。

たとえ意識していなくても、子どもというのはついほめたくなる存在です。

「先生、○○ちゃんが泣いていたから、ぼく涙を拭いてあげたよ」

「先生、廊下にゴミが落ちていたから捨てておいてあげたよ」

子どもたちが自分の「手柄」を知らせに来ると、先生は「○○ちゃん、えらいね」とついほめたくなります。

ときには子どもが喜ぶ顔見たさに、先生や親のほうから「難しいひらがなが書けるようになったね」といっては頭をなで、「難しい折り紙が折れるようになったね」といっては抱っこをしてあげることもあるでしょう。

ところが、子どもの内発性を育むという観点からは、**「ほめて育てる」には大いなる危険が**

潜んでいます。

25ページで、マズローの「欲求階層説」の図をご紹介しましたが、母子間の愛着形成が成し遂げられ「所属と愛情の欲求」が満たされた子どもは、次に「社会的承認の欲求」へステージを移します。自分の行動や自分の存在を周りから認められたいという欲求です。

幼少期から「〇〇をすればほめられる」という外発的動機で動いていた子どもは、大人になってからも「ほめられるというエサ」がなければ動かない人間になるのです。

親御さんにしてみれば、「ほめて育てる」は子どもを都合よくコントロールできる〝技術〟でもあります。ほめること、愛することを条件に子どもの行動を制御できれば、日々の子育てはいくらかラクになるでしょう。

しかしこの行為は、「条件付きの愛情」で子どもを飼い慣らすのと同じです。早く泣きやんだらお菓子をあげる、お約束を守れたらおもちゃを買ってあげるという〝取引〟と同じように、ほめて育てるというテクニックもまた、子どもの成長に悪影響を及ぼす「インスタントな養育法」といえるのです。

小さな声で、子どもにそっと感謝を伝える

では、どうすればよいのでしょうか？

私の園の先生たちは、たとえば子どもたちが自分の手柄を知らせに来たら、あるいは子どもが誰かに親切にしているところを見つけたら、**そっとその子に近づいて「ありがとう」「先生助かった」と、小さな声で感謝の気持ちを伝えるようにしています。**間違っても、「〇〇ちゃん、えらーい！」と大げさにほめたり、みんなの前でその子のおこないを発表したりはしません。

自分の手柄が感謝というかたちで戻ってくると知った子どもは、しだいに先生に手柄を知らせに来なくなります。良いおこないをやめてしまったからでしょうか？　いいえ、むしろ良いおこないをする回数は増えています。たんに、知らせに来るのをやめただけです。

日常のあらゆる場面で感謝の気持ちを伝えられてきた子どもは、5歳を過ぎる頃になると年下の子の面倒を進んで見るようになったり、困っているお友達を見つけたら積極的に助けてあげるようになったり、周りを気づかうことのできる心優しい子どもに成長していきます。

「〇〇ちゃん、えらーい」とほめることと、「ありがとう」「先生助かった」と感謝を伝えることの違いは、自分の行動が「自分」の利益として戻ってくるのか、「他人」への貢献に位置づ

けられるのかというベクトルの違いです。これを心理学の立場から指摘したのが、オーストリア出身の精神科医アドラーでした。

アドラーの心理学を下敷きにしたベストセラー『嫌われる勇気』(岸見一郎、古賀史健／ダイヤモンド社)には、アドラーが、子どもを操作する作用のある賞罰教育を強く否定していたという次の一節が登場します。

「適切な行動をとったら、ほめてもらえる。不適切な行動をとったら、罰せられる。アドラーは、こうした賞罰による教育を厳しく批判しました。賞罰教育の先に生まれるのは『ほめてくれる人がいなければ、適切な行動をしない』『罰する人がいなければ、不適切な行動もとる』という、誤ったライフスタイルです。ほめてもらいたいという目的が先にあって、ごみを拾う。そうして誰からもほめてもらえなければ、憤慨するか、二度とこんなことはするまいと決心する。明らかにおかしな話でしょう」

私もアドラーの見解に大いに賛同します。子どもたちの道徳心は、ほめたからといってすぐに身につくものでもありません。自分のおこないが誰かの役に立ったという経験を少しずつ積み重ねていくうちに、ゆっくりゆっくり醸成されていくのです。

ありのままの自分を出させる

「ほめて育てる」も「叱って育てる」も、親子関係における基本的な構図は同じですが、そのバリエーションである「お行儀よくしつける」にも注意しておきたいところです。

私の園には3歳前後で入園してくる子どもが多数いますが、そのなかに、なかなか「自分を出そうとしない」子どもたちもいます。「自由遊び」の時間になっても自分のやりたいことを見つけられない、お友達と遊んでいても周りのペースに合わせるだけで自己主張がなく、笑顔が少ない、などです。

原因としては、アタッチメント（愛着）が満たされていないか、入園前の生活環境で習慣的に「ダメ出し」あるいは「条件付きの愛情（承認）」を与えられてきたかのどちらかです。

自分を出そうとしない子どもの多くは、表面的にはとてもお行儀のよい態度がとれる子どもです。何も知らない大人が見れば、「まだ小さいのにお行儀がよくて立派ね」とついほめたくなりますが、現実には「型としてのお行儀よさ」に心が追いついていないため、何をするにせよ自分を出すことに迷いが生じ、日常生活で消極的な行動が目立つようになるのです。そして、「ありのままの私（ぼく）ではダメなんだ」という心理で固まってしまいます。

そのような子には、ことあるごとに「ありのままの自分を出していいんだよ」とメッセージを送り続けましょう。条件なしで受け入れられる生活を送ることで、型にはまった生き方から解放してあげるのです。

周りのお友達を傷つけたり迷惑をかけたりするのはＮＧですが、「非常識」「みんなと違う」という意味でのありのままであれば、いつでも大歓迎です。

かなり前のこと。詳しい事情は忘れましたが、「先生やお母さんに言われたことは何でも守れるからほめられるよ」「ひらがなだけでなく、カタカナも全部書けるよ」など、周りのお友達に比べて自分が「立派」であることにプライドをもっている5歳の男の子が、ある日教室の隅にある遊具の裏に隠れて、泣くまい泣くまいと必死にこらえている姿を目にしました。ほどなく、近くにいた先生が駆け寄っていき、その子をすっと抱きかかえました。それで緊張の糸が切れたのか、その子はひざから崩れ落ちるようにしゃがみ込み、大声で泣き始めました。

あとでその先生に聞くと、その子を抱きかかえたとき、「〇〇くんも泣きたいときは泣いていいんだよ」と耳元でささやいたのだそうです。彼にとってそれは、まさに「条件付きの愛情」から解き放たれた瞬間だったのかもしれません。

5～6歳になると、子どものほうから「わたしは（ぼくは）、もう5歳だから泣かないよ」と、強がる子どもが出てきます。「立派だね」とか、「お姉さんだね」とかいわれすぎてそういう気持ちになるのか、または、ご家庭でそのようにしつけられているのかもしれません。

そのたびに私は、「でも、泣きたかったら、5歳になっても6歳になっても泣いていいんだよ」と返しています。

パワフルな内発性を育むために②

ほめるのではなく、感謝を伝える。
「ありのままの自分でいいんだ！」と子どもに思わせること

3 「ボーッと見ているだけ」を見守る

輪のなかに入らないのは、なぜ？

子育ての現場、あるいは週末の子育てイベントなどでは、こんな光景がよく見られます。

「それじゃあ、みんなで一緒に楽しいゲームをやりましょう」

司会のお姉さんが20人くらいの子どもたちにそう呼びかけると、うれしそうにワーッと駆け寄ってくる子どもがいるかと思えば、その様子を遠くからじっと見ているだけの子どももいます。

ゲームに加わらず見ているだけの子どもは、はたから見るとなんとも寂しそうな雰囲気を漂わせています。心配になった親御さんが、「どうして一緒に遊ばないの？」と尋ねると、「べつに……、見ているだけでいい」とそっけない返事。私の園でも、年長の子どもたちが遊んでいる姿を、年中や年少の小さな子どもたちが遠巻きに見ている様子がしばしば見られます。

「見ているだけ」から「協力する」遊びへ

①何もしない

↓

②一人遊び

近くで遊んでいる子どもが使っているのとは異なるおもちゃで一人で遊ぶ。
他の子に近づいたり、話しかけたりしない。

↓

③傍観的行動

他の子の遊びを見ている。
声をかけたりはするが、遊びそのものには入らない。

↓

④平行遊び

独立して遊んでいるが、他の子の用いるおもちゃに似たおもちゃで遊ぶ。
おもちゃを用いて行う活動は、他の子に影響されない。

↓

⑤連合遊び

他の子と遊ぶが、基本的に自分のやりたいように遊び、自分の興味をグループに従属させることはしない。

↓

⑥協同あるいは組織的遊び

何らかの目的のもと組織化されたグループで遊ぶ。
仕事や役割の分担がある。

この「見ているだけ」という状態は、学術的な観点から次のように解釈されています。

米国の発達心理学者M・B・パーテンは、遊んでいる子どもたちを見ているだけで自分は仲間に関わろうとしない子どもの状態を「傍観的行動」(Onlooker behavior)と定義づけ、その行動をさらに先の段階にある「協同あるいは組織的遊び」(Cooperative or Organized supplementary play)への第一歩と位置づけました。また、カナダの心理学者バンデューラは、学習は、自分が体験しなくても、他者の行動を「観察」することによっても成り立つということを実証しています。

つまり、「見ているだけ」の子どもは決して気が弱いわけでも、寂しい思いをしているわけでもありません。目の前の輪に自分が加わったらどうなるか、そのときの様子をイメージしながら、輪のなかに入るタイミングを自分なりにうかがっている最中なのです。

その結果「よし、行こう!」と決意が固まれば、自分から進んで「わたしもやりたい」「ぼくもやりたい」と明確な意思を示します。

私の経験上、**「見ているだけ」の状態を十分やりきった子どもは、遅かれ早かれ必ず自分から動き出します。**その確率は100%といってよいでしょう。「見ているだけ」は、未知の世界を自分のタイミングでのぞいてみたいという積極的なサインです。決して受け身ではありません。

「見ているだけ」も立派な成長過程

「ゲームをしている子ども＝楽しい」「見ているだけの子ども＝寂しい」ではないと分かれば、見ているだけの子どもに「一緒にやろうよ」と手を差しのべるのは、かえって逆効果です。

にもかかわらず、あるイベント会場で、途中からゲームの輪に加わろうとした子どもに「だったら最初からおいでよ」と非難めいた言葉を浴びせたり、ずっと見ているだけの子どもに向かって「嫌ならほかのことをしていたら？」と、別の遊びへ促したりするスタッフを見かけたことがありました。

輪のなかに無理やり入るように促したり、「見ているだけじゃダメだよ」といって子どもの「準備段階」を妨害するような行為を繰り返せば、子どもの興味や意欲の芽は、一気に吹き飛ばされます。仮に、かたちだけはみんなと仲良く遊ぶようになっても、それは内発性に導かれた主体的な行動ではないため、しばらくすると「やっぱ、や〜めた」という状態に陥るのがオチです。

見ているだけの子どもがいたら優しく見守ってあげること――これは、ときに根気のいる作業ですが、何もしないというのも立派な子育てです。

私の園の先生たちは、担任の先生から補助スタッフに至るまで「見ているだけでいい」という子どもが現れると、「待ってました！」とばかりに人数分の椅子を持ち出して、専用の見学席をつくります。見ているだけという行為を、オーケストラの鑑賞会や映画鑑賞のような素敵な時間として演出してあげれば、子どもたちも自信をもって「見ているだけ」をできるようになります。

デンマークの保育園の先生にうかがった話ですが、デンマークでは子どもが「やりたくない」と拒否したら、

「どうしてやりたくないのだろう？」

「ほかにやりたいことがあるのかしら？」

と、気長に原因の探求から始めるのが基本だそうです。

そのうえで、「ほかの子どもが楽しそうにしていたら、そのうちやりたくなるでしょう」と

楽観的に構えているのだとか。
私もそれくらいのスタンスでちょうどよいと思います。

パワフルな内発性を育むために③

「見ているだけ」は、好奇心がフル回転している時間。子どもの好奇心に火がつくまで、気長に待ちましょう。

4 おしゃべりをやめさせない

おしゃべりしている間、思考はフル回転

子育ての経験がある人で、「静かにしなさい」を一度もいったことがない人はまずいません。それくらい、子どもというのはいつでもどこでもＴＰＯをわきまえずしゃべり出します。お友達と遊んでいるときはもちろん、一人でお絵描きをしているときも、ごはんを食べているときも、自転車に乗せられて移動しているときも、幼児期の子どもは一人でおしゃべりを始めるものです。

それも、コミュニケーション手段としてのおしゃべりではなく、独りごとのような脈略のないおしゃべりです。公共の場で大声を出されると、親としては周りの視線が気になって冷や汗が止まりませんが、これも子育てにおける一種の通過儀礼だと思えば腹も立ちません。

幼児期の子どもにとって、おしゃべりとはすなわち「思考」です。大人のように静かにものを考えることができず、頭にパッと浮かんだものがおしゃべりというかたちで自然とオモテに

出てきます。

旧ソビエト連邦の心理学者ヴィゴツキーによると、幼児が思考するためには、まず音声化した言葉を外に出さなければならず（外言（がいげん））、その繰り返しによって頭のなかで言葉が操作できるようになり（内言（ないげん））、思考可能になるというのです。逆にいえば、子どもが大人しくしている時間は、頭のなかが思考停止に近い状態か、手指を動かして何かに夢中になっている状態のどちらかです。

「静かにしなさい」は「考えるのをやめなさい」ということ

保育の現場では、こんなことがよく起こります。

たとえば、先生が来月催される親子遠足の説明をし始めたとします。子どもたちは居ても立ってもいられず次々とおしゃべりを始めて、その場の収拾がつかなくなります。そんなとき、

「質問はあとでまとめて聞きますから、いまは少し黙っていてね」

と、先生が静かにするように促したとしましょう。すると、いざ質問タイムに移ると、あれだけ騒がしかった子どもたちからまったく手が挙がらず、嘘のように大人しくなっていること

がよくあります。

ヴィゴツキーの理論でいえば、この年頃の子どもたちは頭のなかだけで思考を整理できず、その場で思いついたことをひたすら言葉にしている時期です。「あとでまとめて質問してね」はそもそも無理なお願いなのです。

幼児期の子どもに向かって「静かにしなさい」というのは、「考えるのをやめなさい」というようなもの。けれど、保育の現場の最前線にいる先生たちでさえ、これといった深い考えもなく「静かにしてね」を口ぐせのように繰り返している人がいます。ある保育園を視察で訪れた際、偶然そういう場面に遭遇してとても驚かされたのをよく覚えています。

お絵描きや工作をするときは、「おしゃべりをしながら」が基本です。創造的な表現活動の場では、とくに留意しておきたいルールの一つです。

もちろん、時と場合によっては静かにさせるべき場面も多々あります。ただし私の園では、先生がお話をしている最中であろうが、給食の時間中であろうが、マナー違反にならない程度であれば「おしゃべりし放題」を容認しています。大声を出して騒ぐ子がいればさすがに注意しますが、そうでなければ大目に見ています。

果たしてその成果は？――おしゃべり禁止という「実験」をしたことがないので分かりませんが、たとえば子どもたちに「お絵描きの時間中はひと言もしゃべってはいけません」というルールを課したとしたら、おそらく彼らの創造性や主体性は著しく低下し、いつもより「つまらない」絵を描くようになるでしょう。それ以前に、お絵描きの時間が絶対に嫌いになるはずです。

「静かにして」をいわない工夫

子どもに静かにしてほしいときは、「静かにして」ではなく、子どもたちから静かにしたくなるような環境づくりをすることです。

最もメジャーな方法は、先生がわざと小さな声で話し始めること。子どもたちは静かになり、急いで耳を澄まし始めます（これは大人も同じですね）。あるいは、「静かになったら面白い話が始まるよ」というポーズを見せること。そうすると、面白い話を早く聞かせてほしいと、子どもたちは慌ててお口にチャックをします。

ところで、子どもがいつもより騒がしいと感じる日は、ほとんどの場合エネルギーの発散不

「動」の時間

「静」の時間

足が原因です。

子どもはおおよそ早朝から動きが活発で、室内で少しの距離を移動するときも、駆け足で飛び出していくほどの勢いがあります。床の上をはって遊ぶ、コロコロ転がる、追いかけっこに興じる、男の子であれば戦闘ごっこにあけくれるなど、片時もじっとしてくれません。とくに天気が良い日は太陽からのエネルギーが多めに注入されるのでしょうか、身体が自然と動き出すバイオリズムを感じます。自身の発達を促すために、成長過程の最優先に「身体を動かすこと」がプログラムされているのかもしれません。

そこで私の園では、一日のカリキュラムを検討する際、何時間目に何をするかを考える以前に、「動」と「静」の組み合わせが適切な配分になるような検討から入ります。

「動」とは主に外遊びのことで、室内であればリトミックや全身を使う動きのある運動やゲームのことです。

「静」とは絵画や造形および鉛筆を使った学びで、読み聞かせや話し合いもこれに含まれます。その割合は年齢によって異なりますが、「動」の時間は少なくとも7割以上確保するのが原則です。

ポイントは一日の最初のコマに「動」の時間を割り当てること。身体を思いきり動かしたあとなら、幼児期の子どもは落ち着いて次の時間に移れます。これも保育の経験者なら誰しも経験がある、子どもたちを騒がしくさせない〝技術〟の一つです。

パワフルな内発性を育むために④

一日の早い時間に思いっきり身体を動かすと、子どもは自然と静かになる。

5 教えない。気づかせる

子どもは「マネっこ」から学ぶ

先日、子育て中の若い友人夫婦がわが家に遊びに来たときのことです。

6歳になるお姉ちゃんは目下折り紙遊びに夢中のようで、背中のリュックから自分の折り紙を取り出すと、ダイニングテーブルの上でせっせと何かを折り始めました。「お花を折るの」だそうです。一方その隣では、4歳になる妹がジュースを飲みながら、お姉ちゃんの様子をじっと見つめています。

するとお姉ちゃんが、「一緒にやる?」と妹に1枚、黄色の折り紙を差し出しました。妹はうれしそうに受けとりましたが、お姉ちゃんが折り方を教えてあげようと身を乗り出したとたん、首を横に振ってイヤイヤをしながら、姉の申し出を断固拒否しました。そして、でたらめな折り方で自分なりの折り紙を楽しんでいきました。その結果何ができたかは——本人だけが知っているようです。

似たようなやり取りが、私の園の子どもたちにもよく見られます。

とくに、年齢の異なる子どもたちが同じ場所で遊ぶようなシチュエーションで、あきらかです。

5歳の男の子が折り目をしっかりつけながら、見るからによく飛びそうな紙飛行機をつくっていると、それを見た4歳の男の子は、一生懸命手を動かして真似をします。けれど、優しいお兄ちゃんが「教えてあげようか？」と近づいていくと、「自分でやるからいい！」と怒り出す。

年上の子どもも心得たもので、そのようなやり取りが何度か続けば、次第に教えるのではなくマネさせるのが上手になります。自分の前に座って紙飛行機の折り方を見ている年下の子に、「横に座ったほうが（ぼくの手元が）よく見えるよ」と促すようになります。ときには、「これあげるよ（あとは自分で好きに研究しろ！）」と、できたばかりの紙飛行機を手渡して、颯爽と立ち去っていくこともあります。

子どもは概して、他人から教えられることを嫌います。

大人から見れば、「まだ一人では上手にできないだろうに」と思われるようなことでも、自分の力だけでなんとかやり遂げようと果敢に挑戦していきます。

面白いのは、そうしたチャレンジがすべて自己流でおこなわれるのではなく、いまの紙飛行機の例のように、年上の子どもたちの動きをじっくり観察したうえで自分なりに取り入れていくところです。

絵画や工作といった表現活動の時間でも、**子どもが模倣するのは「作品」という結果ではありません。そこに至るまでの「技術」や「方法」です。**

自分の手指を動かし、考え、失敗したり成功したりしながら、まずは技術を習得していきます。職人の世界でいうところの、「仕事は盗んで覚えろ」と同じ要領です。

私はそんな子どもたちの姿を目にするたびに、「人間は教えられることは嫌い（苦手）だが、つかみ取ることは大好き（得意）な本能をもっているに違いない」と強く思います。

私たちの祖先と遺伝子的に近いサルやチンパンジーにも、「教える／教えられる」の関係は見られないのだそうです。逆に人間の大人たちが、「そういうことは、あらかじめ教えてもらわないと分からないじゃないですか！」と怒っているのを見ると、本能が退化しているのでは？　と感じてしまいます。

「教える」と「気づかせる」の間

幼児期の子どもに必要なのは、教師や指導者といった「権威者」ではなく、子どもの主体性や意欲を高めるために寄り添ってあげられる「伴走者」や「援助者」です。

4歳、5歳、6歳と年齢を重ねていくにつれ、子どもは知的探求の範囲を加速度的に広げていきます。その過程で一人ひとりが自分の意思で獲得していく「気づき」にどれだけ配慮してあげられるか。これも、子育ての環境づくりに不可欠な課題の一つです。

その一環として、私の園では外遊びで近所の公園に行ったら、まず当番の子どもと補助の先生が公園内を一周して、遊具に異常はないか、危険な場所はないかなどを調べ、気をつけるべきポイントを整理してみんなの前で発表するようにしています。歯みがきやお支度のチェックシートもそうですし、園内に掲示してある季節の花々、果物や野菜の説明、大きなひらがなのディスプレイなども、気づきを与える良いきっかけとなります。

たまに保護者の方から、こんな質問をされます。

「『教えること』と『気づかせること』の境界はどこですか?」

それは子どもたちが決めることだと答えています。子どもたち自身が「これは自分で発見したんだ！」と思えば、そこに至るまでの道のりを親が周到に用意していたとしても、それは子どもの気づきであり学びです。また、すべてを子どもに委ねるのではなく、親子で一緒に考える、親子で一緒に調べるといった経験も大切です。

何より愛着形成が重要な時期ですから、親子で同じ時間を過ごすこと自体が非常に尊いものです。子どもが、「自分で図鑑を見て調べるから、ママはあっちで待っていて」といえば待っていればいいし、「ママも一緒に調べて」と頼まれれば一緒に調べてあげればよい。逆に、子どもが自分だけで調べたいのに「ママと一緒にやろう」と大人が主導権を握ろうとしたり、「もう大きいんだから一人でやりなさい」と突き放したりするのは、いちばん良くない対応です。

親御さんのなかには、子どもが音楽に興味を示し始めたと知るやいなや、「ピアノ教室に通わせて才能をもっと伸ばしてあげよう」と意気込む方がいらっしゃいます。しかし、あまり先走るのは得策ではありません。

一般的に、「○○教室」と名の付くところは、カリキュラムのなかに〝指導〟という「教えられる」要素が紛れこみます。将来につながるパワフルな内発性を育みたければ、音楽教室に通わせるよりも簡単な曲を親子で一緒に演奏したり、子どもでも理解できる楽譜を用意して演奏させるほうが、気づきへの配慮という点ではよほど効果的です。

「どうせやるなら本物を、小さな頃から身体で覚えさせたほうがよい」

という気持ちも分からないではありませんが、そこはぐっとこらえてください。ドイツで活躍した教育者シュタイナーは、その著『子どもの健全な成長』のなかで、7歳までの子どもは「模倣」によって学ぶ存在であり、この時期に注意力や記憶力を求めると、後年に身体の痛みなど負担となって現れると説明しています。

「○○教室」「○○教材」のたぐいは、最初はもの珍しさもあって子どもも喜んで飛びつきますが、しばらくすると飽きてしまいます。大人から見れば、「考えることに興味を覚え始めた」ように見える子どもも、内実は世の中に対する興味の芽がほんの少し出始めた程度で、まだよちよち歩きの段階です。

「小さな気づき」というかたちで現れた内発性の芽は、無理やり引っ張ったり水をやりすぎたりすると、すぐに腐ってしまいます。

パワフルな内発性を育むために⑤

自分で発見する喜びを経験させる。
それまで、先回りして手を焼いてはいけません。

6 没頭していたら〝絶対に〟止めない

片づけ上手はいいこと？

本章の冒頭でご紹介したとおり、母親（または養育者）と安定的な愛着関係を形成した子どもは、内発性を育む土台をしっかりと構築します。そして2〜3歳頃になると、目の前の遊びに深く集中して周りの声がまったく耳に入らなくなるほど、何かに没頭する姿を見せるようになります。

それはまるで、一人だけ別世界で遊んでいるかのような不思議な光景です。みなさんも、そのようなわが子の姿をすでにごらんになったことがあるかもしれません。

深い集中状態に入った子どもは、そのままにしておくとどうなるでしょうか？

ブロックや粘土に夢中になって何かをつくり上げようとしているとき、クレヨンを握りしめて画用紙に吸い寄せられているように何かを描きこんでいるとき、左手にもった紙を何度も何度もハサミで切り進めているようなとき。誰にも邪魔されず何かしら最後までやり遂げた子どもは、ふだんは決して見せない精悍（せいかん）な顔つきで満足感に浸っています。それも、「あー、楽しかった」という日常レベルの満足感ではなく、自尊感情に満ちあふれた、一皮むけた大人のような表情です。

何かに没頭して最後までやり遂げる経験を重ねた子どもは、例外なく手指が器用に動かせるようになります。そして、もっとレベルの高い遊びに挑戦しようと、前向きな態度を示すようになります。さらに、身体の動きがしなやかになるにつれて情緒面も穏やかになり、一時期はイライラが多かったような子どもでも、素直な態度を見せるようになります。お友達との関係でも受け身ではなく自分から遊びのアイデアを提案するようになり、関係を上手に結べるようになっていきます。

何かに没頭する時間は、子どもの成長にとって、絶対不可侵の神聖な時間でもあるのです。

そんな大切な時間を台無しにしてしまうのが、たとえば「おかたづけの時間」です。「はーい、おしまいでーす」「おかたづけの時間でーす」という号令は、今日も子育て現場の至るところで響きわたっていることでしょう。

幼稚園や保育園だけではありません。家に帰れば、「ごはんの時間だからテーブルの上をかたづけて」と、母親の一声でそれまでの遊びにストップをかけられる子どもがたくさんいます。「え〜、もう時間なの〜」と不満を漏らしてみても、大人たちは許してくれません。大人にはやらなければならないことがたくさんあるのです。

最初は文句をいっていた子どもも、おかたづけの号令に慣れてくると、しだいに何のためらいもなくササッとおかたづけができるようになります。突然指示を出されてもパチッとスイッチが切り替わるように動けるようになっていきます。

でもそれは、子どもの成長にとって本当に喜ばしいことなのでしょうか?

「続きはあとで」が成長の芽をつむ

人が何かに没頭して、ふだんは得られない特別な満足感や技能、安定などを得る状態を、米国の心理学者チクセントミハイは「フロー(flow)」と名づけました。

フローとは、内発的動機をベースとした、没入感覚を伴う「集中の持続体験」のことを指します。フロー状態を保つことによって、高いレベルの集中力や満足感、自分の感情をコントロールする力などを獲得できるとされます。つまりフローこそが、個性や協調性の芽を太い幹へと育てる、唯一の手段なのです。

フローの理論化に貢献したのはチクセントミハイですが、それ以前に、何かに没頭する経験を重ねた子どもが劇的に変化していく過程を成長観察から発見し、自身の教育法の柱に据えたのがイタリアの教育者モンテッソーリでした。

日本の幼児教育にも多大な影響を与えたモンテッソーリは、『幼児の秘密』のなかで、「木製の円柱を、それに合致する穴に差しては抜く作業」を繰り返していた3歳くらいの女の子に、あの手この手で邪魔をしたエピソードを紹介しています。しかしその子は自分の意思で作業をやめるまで（42回も繰り返したそうです）、周りの邪魔には最後まで気づかなかったそうです。

まさに、チクセントミハイがフローと呼んだ状態と同じです。

フローは、それ自体が内発性のかたまりといえます。フローを妨害するあらゆる行為は、すべて子どもの成長発達に対する「暴力」と位置づけられます。

モンテッソーリのエピソードのように、フロー状態にある子どもが周囲の雑音にまったく影響を受けなければよいのですが、おかたづけの時間のようにフローを強制的に遮断する環境があたりまえになると、子どもたちの内発性は著しく阻害されます。

フローの積み重ねで子どもは育つ

フローの習慣化

2~4 歳

- 運動器官の発達
- 情緒の安定
- 自発性と自信の促進
- 注意力、忍耐力の向上

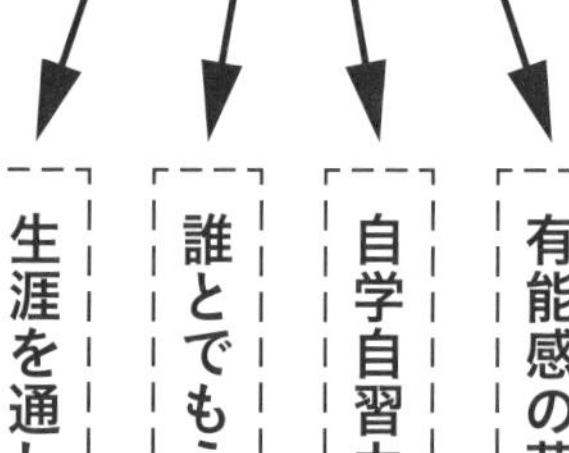

5~6 歳

- 生涯を通して学び続ける資質
- 誰とでもうまくやれる資質
- 自学自習力の完成
- 有能感の芽生え

自転車に乗る練習をしている子どもがペダルに足をかけた瞬間、「はい、今日はここまで」とやめさせる大人がいるでしょうか？　次の日の練習でもペダルに足をかけた瞬間「はい、ここまで」、次の日もまた次の日も……。そのようなバカげたことが繰り返されれば、小さな子が自転車に乗れる日は永遠に訪れません。

テレビゲームの「コンティニューボタン」のように、一度止めた場所からすぐさま継続できるわけではないのです。大切なのは、集中状態に入ってからそれを維持・継続して最後までやり遂げる一連の流れ、文字どおり「フロー」（流れ）です。

ブロック積みでも、お絵描きでも、「続きはあとでやればいいでしょ」と暴力的に取り上げるのだけは絶対にやめてください。**遊びでも学びでも、とことん深めていった経験だけが真の自信につながります。**

フロー経験を積み重ねていない子どもは、新たな能力の獲得に至りませんし、達成感を知ることもできません。手指の発達も遅れ、自分がやりたいことを思いどおりにできないもどかしさから、情緒も不安定になりがちです。

フロー体験の積み重ねが5~6歳での成果につながる

フロー状態に入った子どもは、徹底的に保護されるべき存在である。

そのような信念にもとづき、私の園では、クラスで一緒に行動する時間になっても何かに没頭している子どもがいれば、その子の集中を切らさないようにプラス10分くらいの余裕をもたせて、キリの良いところまで続けさせるようにしています。

おかたづけを一斉にさせる時間も、なるべく設けないように努めています。外部から音楽や絵画などの講師を招いたとき、お迎えのお母さんがいらしたときも例外ではありません。たまたまそのタイミングで子どもが何かに集中していれば、理由を説明してお待ちいただいています。

フロー体験を積み重ねるためなら、ほかの子どもより給食のスタート時間が少しくらい遅れてもいいのです。先生が、「もうすぐ給食の時間でーす」と声をかけたとたん、それまでつくっていた粘土をグチャッと壊したり、お絵描き帳をパタンと閉じたりするのは、例外なく入園直後か転園直後の子どもたちです。そのような姿を目にするたびに、私はその子たちが「調教」されてきた日々に、胸が締めつけられる思いがしています。

子どものフロー状態はおおむね2～3歳頃から顕著に見られますが、この体験が習慣化すると、5～6歳頃には大人がびっくりするほどユニークな絵を描くようになったり、面白い立体作品をつくるようになったりします。

楽器を演奏するときも、自信に満ちあふれ、主体的に取り組む姿が見てとれます。それまで指先が器用に動かせなかった子どもも、フロー体験を積み重ねていくことでピアニカの鍵盤を軽やかに動かせるようになったり、新しい曲を次々と弾けるようになったりと、素質や才能とは違う部分で新たな地平を開いていく姿が認められるようになります。まさに、ドミノ倒しのように成果が出てくるものなのです。

「そんなに自由にさせていたら、大きくなってから時間を守れないルーズな人間になるのでは？」

というご質問を、ときどき保護者の方からいただきます。しかし、むしろ逆です。

何かに没頭して好きなだけやりきる経験を積み重ねた子どもは、自分で自分をコントロールする術を身につけます。卒園する頃には、わざわざ他人と比べなくても自分には能力があると思える「有能感」をもつようになり、秩序や規律をみずから進んで重んじようと、時間に対する意識も自然と芽生えるようになっていきます。

ＰＡＲＴ2以降でお話しする「ポジティブな個性」の育て方も、「アクティブな協調性」の育て方も、その原点はフロー体験の積み重ねです。

私が見聞きしたかぎり、世界のどの国でも、イノベーション能力に長けた人はみな並外れた没頭力をもっています。それは、幼児期に何かに夢中になれる経験を好きなだけさせてもらえた人だけが身につけられる特権なのかもしれません。子どもにその特権を与えられるかどうかは、私たち大人の理解と行動にかかっています。

昨今は、幼稚園・保育園の行事も増える一方で、それらの練習時間を捻出するために一つひとつのカリキュラムが時間的に細切れになりがちです。早期教育として英語、音楽、体操などを取り入れている園では、一つの遊びに割ける時間がさらに短縮されているようです。おかたづけの時間以外にも、子どものフロー状態を中断させる原因はそこかしこにあるといえます。

もし、お子さんが通われている幼稚園・保育園がそのような状況にあるようなら、せめてご家庭にいる間だけでも、夢中になれることを好きなだけできる時間を存分に与えてください。

わが子をお掃除の専門家にしたいのなら別ですが、そうでなければ「おかたづけの時間でーす！」の大号令はほどほどにしておきたいものです。

パワフルな内発性を育むために⑥

2〜4歳で伸ばしたい「没頭する才能」。
大人の声かけで、それを止めてはいけません。

COLUMN 1

軽視される2冊のバイブル

理論的なことを重視しない日本の保育現場

まったくの異業種から保育の世界に足を踏み入れた私は、事業を立ち上げるにあたり、子育てに関する文献を山ほど読みあさりました。なかでも、幼児期の教育および保育課程の目標基準を示した『幼稚園教育要領』『保育所保育指針』の2冊は、たいへん参考になった文献です。幼稚園教諭、保育士の資格試験はここから出題されるといわれるほど、重要度の高い文献といえます。

いわば「子育てのバイブル」ともいえるこの2冊ですが、原型はいずれも1948年に刊行された『保育要領――幼児教育の手引き』です。これは、ドイツの教育学者フリードリヒ・フレーベル、米国の哲学者ジョン・デューイ、イタリアの教育者マリア・モンテッソーリなどに影響を受けた児童心理学者・倉橋惣三氏らが中心となってつくられた手引書で、「多くの子どもに同じことをするよう強いる保育のやり方は、反省されなければならない」「遊びに打ち込んでいるときは大人の都合で遮ってはならない」など、保育のあるべき姿やねらいが、考え抜かれた言葉で具体的な実践内容とともに記されています。いま読んでも「新しく」感じるのは、そこに子育ての本質が照射されているからでしょう。

しかし驚くべきことに、実際の子育て現場でこの「バイブル」はほとんど参照されていません。

私はときどき他の幼稚園・保育園の先生たちが集う研修の場に講師として招かれることがあるのですが、この2冊に書いてある指針を引用してうちの園の実例を紹介すると、「大学を卒業して以来、その本は読んだことがありません」とおっしゃる先生が大半です。園長先生クラスのベテランも同じで、ある年配の園長先生に至っては、「うちは、そういう理論的なことは重視しておりませんので」と、堂々と居直っておられました。

「保育の質」は社会制度の問題だけ?

たとえば『保育所保育指針』には、次のようなフレーズが至るところに出てきます。「子どもが自発的、意欲的に」「子どもが主体的に」「子どもが自分で」。

絵画、音楽、言葉の表現といった教育面においては、2冊とも「自分なりの表現をする」ことを目指しており、押しつけ型の早期教育を推奨するような文言はどこにもありません。食育については、「食べる楽しみ」や「意欲」の大切さが明記されているのみで、「好き嫌いをなくそう」や、「しつけが重要」とは書いてありません。

このように素晴らしい指針がありながら、実際の子育て現場ではじつにさまざまなことが「バイブル」に反するかたちで、独自の方針や「伝統」にもとづいておこなわれているようです。なぜ、そうなるのか? ある先生にうかがうと、「園にいらした先輩の先生方がそうされていたので、私たちはそれを引き継いだだけです」とおっしゃっていました。

保育の質を語るとき、昨今は保育士不足の遠因とされる待遇面や社会制度のあり方ばかりが議論にのぼります。しかし、問題はそれだけでしょうか。先人たちが積み上げてきた子育てのノウハウを脇に追いやり、直近の先輩たちが我流でおこなってきた指導をなぞるだけという安易な態度こそ、私にはみずから保育の価値を毀損する、自分で自分の首を絞めるような行為に思えてなりません。

「自発的に」「意欲的に」「主体的に」という文言は、まず現場の先生方が自分たち自身の課題として噛みしめるべき、子育ての原則ではないでしょうか。

PART.2

革新的な提案ができる大人に育てる6つの理論

――ポジティブな個性を育む

個性は足し算では育たない。引き算への限りなき抵抗である

個性とは、ゼロから始まる足し算で育つものではありません。もともと子どもたちは個性的。成長にともない、その輝きを奪う引き算にどこまで抵抗できるかが、カギを握っています。

「個性的な人」というと、日本ではネガティブな意味で捉えられることもありますが、個性とは本来、私たち一人ひとりの人物像をかたちづくる特性のことです。

たとえば出席者全員が黙り込んでしまうような沈鬱な会議も、個々の特性が良い方向に発揮されれば、革新的なアイデアが飛びかう活気あふれるポジティブな場に変わるはずです。

日本にも、スティーブ・ジョブズのような革新的提案ができる可能性のある人はいるでしょう。けれど世の中に、彼のような個性を許容する受け皿がなければせっかくの個性も台無しです。真にイノベーティブな人材は、本人の頑張り次第で生まれるわけではありません。名もなき一個人の個性を尊重する寛容な社会があって初めて、海外に飛び出す人、国内で活躍する人、さまざまな生き方が強い個性とともに可能になるのです。

個性とは「育む」ものではなく、社会全体で「守り抜く」ものなのかもしれません。

1 横並びではなく、ふぞろいな世界で育てる

みんなと同じ行動ができないのはわがままか？

個性というのは、ある意味とても「厄介」なものです。

幼稚園・保育園の先生が子どもたちを園庭に連れ出し、「きょうはみんなで花いちもんめをやりましょう」と呼びかけたとします。すぐさま、「やったー」とあちこちで笑顔がはじける一方、「ぼくはほかのことをしたい」とボソッと不満を漏らす子も出てきます。そんな子どもたちを見て、「どうしてうちのクラスはいつもまとまらないのだろう？　先輩の先生たちはうまくまとめているのに」と、若い先生ほど悩まれます。

しかし、これは悩むような話ではまったくありません。

少数派の子どもたちが多数派の子どもたちの行動に合わせられないのは、悪いことでも、わがままな行動でもありません。自分が好きでもないことに無理やり付き合わされるのは、大人でも嫌なものです。にもかかわらず、先生や親御さんのなかには「みんなと同じ行動ができな

いのはわがまま」という価値観に支配されているためか、多数派にしたがうことをしつけの一環として強要する方がいらっしゃいます。

そういう「しつけ」を続けていけば、最初は駄々をこねていた子どもたちもしだいにあきらめが早くなります。この状態をもって、「クラスがうまくまとまり始めた」「集団行動に適応できるようになった」と勘違いする人がいますが、実態は**「やりたい／やりたくない」「好き／嫌い」という主張をともなうたくさんの個性を、先生や親御さんがモグラたたきのようにつぶしていっただけの話です。**

先生が集団遊びに誘っても、「やりたくない」と拒否する子どもが出るのは当然です。ですから私の園では、集団遊びの号令を一斉にかけること自体をやめています。

子どもたちのなかから自然発生的に「きょうは○○ごっこをやりたい」という声が上がり、それに賛同する子どもが集まり始め、しだいに輪が広がり、気がつけば全員が同じ遊びに参加していた、ということがほとんどです。子どもたちを一斉にまとめるつもりは最初からありません（それはほぼ不可能です）。バラバラの状態を根気強く見守ることが、先生の役割だと心得ています。

さらに園のルールとして、あらゆる場面で「子どもが自分の意思で行動を起こすこと」を優先しています。そのため、みんなで集まるときも次の行動に移るときも、全員が揃ってパッと動くという美しい光景は見られません。一人ひとりがパラパラと動くので、全員が揃うまでにかなりの時間を要します。気の短い人なら、「タラタラするんじゃありません！」と一喝したくなるかもしれません。

もちろん、「集団生活のなかでは、自分がやりたくないことでも周りに合わせて行動することが大切」という意見があるのは承知しています。しかし、早くからその「能力」ばかりが身についてしまうと、自分が本当にやりたいことを見つけ、好きなこと、得意なことを伸ばしていく能力が後回しになっていきます。

やりたくないことを無理やりやらされる時間は、集団行動の大切さという部分を差し引いたとしても、長い目で見れば、子どもの個性を育むうえでプラスになるとは思えません。

多数派に合わせる環境が、優越感や劣等感をつくり出す

人間にとって「好き／嫌い」「できる／できない」は、個性の輪郭を形成する最も基礎的な要素です。しかし、幼い頃からそれらが抑圧されると、子どものなかにいびつな思考回路が組

み上がります。

嫌いなものを嫌いと表明したとたん、「集団の和を乱さないように」とたしなめられるような環境で育てられれば、大人になって社会に出たとき、周りの意見に力なくうなずくだけのイエスマンになります。革新的なアイデアを提案できるような人には、おそらくならないでしょう。

一人ひとりの個を重視するとは、先生や親御さんが「この子にはこんな個性がある」と、一方的に評価することではありません。子どもたち一人ひとりが周りの子どもたちを見て、**「世の中にはAが好きな子もいればBが好きな子もいる、Cができる子もいればDができない子もいる」と、日常的に多様でふぞろいな世界が広がっていることを幼い頃から理解させることです。**

同じ4歳でも、水泳が得意な子もいれば、顔を水につけるのさえ怖がる子もいます。けれど、子どもたち一人ひとりのなかに「人間には得意なことも不得意なこともあるのが当たり前」という前提があれば、泳げるチームに入った子どもがまだ泳げないチームの子どもに向かって、自分の「優秀さ」をアピールすることはなくなります。逆に、泳げないチームに入った子どもが、泳げる子どもに対して余計な劣等感を抱くおそれもなくなります。

自分の「サイズ」にぴったりの場所で生きている子どもは、文字どおりジャストサイズの服や靴を身につけたときのように、快適に、笑顔で、毎日の生活を楽しんでいけます。自分のサイズで活動している間は技術の習得や創造性にも磨きがかかり、習熟度のレベルが短期間で一気に跳ね上がることもあります。もともと苦手だったことでも、気がつけば同学齢の子どもより習熟度が高くなっていることすらあります。

このような考え方は、教育活動においても同じです。

たとえば折り紙をする時間。「きょうはちょっと難しいカエルを折ってみましょう」と提案すると、できる子どもとできない子どもに当然分かれます。そんなときは、できない子どもにもう少し簡単なカタツムリを折らせるなどして、折り紙の課題にバリエーションをもたせます。ただし、できない子どもに基準を合わせて、全員ができそうな課題を提案してはいけません。そうすると習熟度の高い子どもは退屈になり、すぐに暇を持てあまし始めます。

数年前に卒園したある女の子のお母さんから、こんな話を聞かせていただきました。

「うちの娘は好きなことや集中してやりたいことが出てくると、周りから何をいわれようが一途にやり続けるようです。休み時間にお友達から『一緒に遊ぼう』と誘われても、どうしても読みたい本があるときは、『今日は教室にいる』と断ることもあるそうです」
そんなことをしたらお友達がいなくなるのでは？　と慌てる方がいらっしゃるかもしれませんが、そのお母さんは、その心配はまったくしていないそうです。それよりも、「周りに流されない娘を、私はとてもうれしく思っているんです」とおっしゃっていました。私も同じ意見です。

ポジティブな個性を育むために①

嫌いなことを「嫌い」といわせてあげましょう。
ささいなことから、「人と違ってあたりまえ」が実感できます。

2 「自由時間」は絶対に減らさない

大切なのは問題発見能力の獲得

昨今は幼児教育のプログラムが花盛りで、昔からある幼児教室やお稽古教室だけでなく、通信教材のバリエーションも豊富です。ホテルのビュッフェのように、「あれも食べたい、これも食べたい」と、ついつい目移りしてしまいます。その一方で、子どもの自由時間は短くなりつつあります。

幅広い体験の機会があることは決して悪いことではありません。自由時間がたっぷりの園であったり、逆に一斉活動が多くて個人の興味を捉えていないと感じたりすれば、習い事で新たな機会に恵まれることもあります。そういう場合には、積極的に外で選択肢を増やしてみることもよい選択だと思います。

しかし、これだけは覚えておいて下さい。多くの親や先生が誤解をしていますが、未知の自分の力を発見したり、やり遂げる力をつけたり、人と関わる力を伸ばすのは、すべて「自由時間」でしかないということです。

先のページで紹介した「フロー体験」も自由時間に好きな遊びを自分で見つけ、自分で伸ばすことで努力を積み重ねる面白さの発見へとつながります。「自由時間が必要」というと、気分転換や休養目的のように思われるかもしれませんが、私の意味するところはそれとは全然違います。

子育て現場であれ、習い事であれ、教育内容が決められているということは、レストランでいえば子どもが何も考えずに座っているだけで、「さあ、召し上がって下さい」とどんどん料理が運ばれてくる状態です。出された学習課題をこなせるということは、親から見れば子どもが順調にいろいろなことをできるようになり、成長していると感じますが、これが危険極まりないのです。

目の前に提示された問題を、的確かつスピーディーにさばいていく能力が有効なのは、おそらく大学受験まででしょう。そこそこの集中力さえあれば、この方法でなんとか乗り切れます。けれど、実社会に出た人間に求められるのは、**「提示された問題を解決する能力」**ではなく、**「解決すべき問題そのものを発見する能力」**です。

すべての傑作は自由な時間に生まれる

幼少期（小学2年生くらいまで）の子どもは、あらかじめ設定された目標やゴールにたどり着いても、大人のように心の底から湧き上がる達成感を得られません。本当の達成感とは、何の制約もないなかで自分の限界を知り、そこを超えたときに初めて得られるものです。一方的に与えられた目標やゴール（ノルマ）に到達して得られるのは、達成感ではなく「安堵感」です。安堵感からは、次につながる強い意欲や斬新なアイデアは生まれません。

そこで注目したいのが、自由時間です。

絵画でも造形でも、子どもがズバ抜けて完成度の高い、アッと驚くような傑作を生み出すのは、決まって自由時間のなかです。早朝や夕方の周りにお友達が少ない時間帯、園ではとくにすることを決めていない時間帯に、一人で黙々と作業を続けていた子どもがとんでもない傑作を生み出します。たとえ5分しか時間がなくても、その時間内でできる最高のことにチャレンジしていきます。30分あれば30分間、60分あれば60分間でできる最高の価値を生み出そうとします。

驚いて、「それ、どうやって描いたの？」「どうやってつくったの？」と尋ねても、本人からはっきりとした答えは返ってきません。

彼らは、「〇〇をつくらなければならない」という明確な目標設定があったわけではなく、心の底からあふれ出る思いに身をまかせ、目の前の課題にひたすら没頭したことで思いもよらぬ傑作を生み出したのです。

まさにフロー状態ですが、この経験が幼少期の子どもに最も大切だといえるのは、「内発性の獲得」と同時に、**自由時間の素晴らしさを身体に刻みこむことができる**からです。

子どもにとっての自由時間は、「**日頃からつちかってきた能力を応用して新たな事柄にチャレンジしていく、最も生産的で濃密な時間**」です。それまで自分でも気づかなかった能力を発見したり、最後までやり遂げる力を身につけたり、他人と関わる能力を伸ばしたりするのは、すべて何の制約もない自由時間があってこそです。

諸外国の例を見ると、スウェーデンやデンマークといった北欧の教育現場では、何をやってもよい自由時間のなかで子どもたちが自分の能力を存分に発揮できるような教育に力を入れています。幼稚園・保育園だけでなく小中学校においても、大人がまったく介入しない、すべてを子どもたちに委ねた完全に自由な時間を確保するように努めているそうです。ある先生はその理由を、「結局、人生でいちばん長いのは自由時間だから」と述べていました。

小さな頃から習い事に通わせ、体験の機会を幅広く設けるのは、決して悪いことではありません。もし、全体活動が多くて個人の興味を上手にすくい上げていないと思われる幼稚園・保育園に通われているようなら、習い事などで外部に選択肢を増やすのも個性を育む方法の一つです。

ただし、プログラムに沿ってメニュー化された習い事は、せっかくの自由時間を台無しにするおそれがあります。

「自由時間という教育」は、目標もなければ成果もはっきり見えません。でもご安心ください。その成果は何年後、あるいは何十年後かに確実に表れるはずです。

本当の自由は、扱い慣れていない人にはきわめて「苦痛」な状態をもたらします。しかし、小さな頃から自由の味を堪能する経験を積み重ねてきた人にとっては、これほど素晴らしいものはありません。

自由時間のなかで得た経験は、子どもの個性を育むうえで決して避けては通れない大切な時間なのです。

ポジティブな個性を育むために②

自由時間を使いこなせる人間になれるかどうか。
幼少期の体験で決まります。

3　絵を見せられても、すぐにほめない

「すごい」「上手」はNGワード

前章では、「ほめて育てる」ことの危険性について、「内発性の育成」という観点からお話ししました。ここでは同様に、「個性を育む」という観点からも「ほめて育てる」の危険性についてお話ししてみたいと思います。

私はほめるという行為を否定するつもりは毛頭ありません。ただ、少なくとも「他人と比較して優秀である」という視点からほめるのは、決して良いことではないと断言できます。

なぜなら、他人より優れている部分を習慣的にほめられてきた子どもは、自分が他人より劣っていると感じる部分については、消極的な行動をとるようになるからです。もし、「最近、うちの子に消極的な行動が目立つようになった」と感じるなら、できることばかりをほめていないか、振り返ってみると良いかと思います。

たとえ、他人と比較してほめるようなことがなくても、たとえば子どもが好き勝手に描いた

絵を見せにきて、「ねえ、上手?」と尋ねられたとき、「上手だね」と答えるのも、やはり誤ったアプローチです。上手な絵がある裏には、必ず下手な絵があります。3歳を過ぎた子どもであれば、この理屈は誰にでも理解できます。

つまり、**そこに評価を感じさせるほめ方は、上手・下手という価値観と不可分**だということです。

自分の絵を「上手」と評価してもらいたい子どもは、次第に上手なお手本を探すようになります。さらに、5歳を過ぎて周りのお友達のことを強く意識し始める頃になると、自分が「できない子」と評価した子どもをけなすことで、小さな優越感を得ようとする子どもも出てきます。

そして、小さな優越感を得た子もまた、ほかの子から自分がけなされないように、うまくできない課題には積極的に挑戦しなくなっていきます。まさに負の連鎖です。評価をともなうほめ方は、百害あって一利なしといえます。

伸ばしたいのは「ラーニング・ゴール志向」

ほめることと動機づけの関係について興味深い実験をしているのが、米国の心理学者ドゥエックです。

まずドゥエック教授は、異なる人種、民族、経済的背景をもつ400人の小学5年生に、みんなが解けるやさしいレベルのパズルを解いてもらいました。そのあとグループ分けをおこない、あるグループでは「頭が良い」「すごい得点!」と子どもたちの才能や能力をほめ、別のグループでは「よく頑張ったね」と努力したことをほめました。そして、こんな心理学的実験をおこないました。

実験1:「解けないかもしれない難しいパズルと、解けそうな簡単なパズルがありますが、どちらを選びますか?」と問うと、才能をほめられたグループのほとんどの子は「簡単なパズル」を選び、努力をほめられたグループの大多数の子(90%)は「難しいパズル」を選びました。

実験2：両方のグループに解けない難しいレベルのパズルを与え、家に持ち帰りたいか尋ねると、才能をほめられた子どものグループは落ち込みながら「嫌だ」といい、努力をほめられた子どものグループは「もっと努力すれば必ず解ける」といって持ち帰りました。後者のグループの子どもは、解けないことを能力の差ではなく、たんに努力の差だと考えていました。

実験3：最後に、両方のグループともに最初におこなったレベルと同じやさしいパズルを与えました。驚くべきことに、才能をほめられた子たちの成績は最初より下がり、努力をほめられた子たちの成績は最初より上がりました。

この実験結果が教えてくれるのは、「人に評価されること（ほめられること）がうれしい」と感じて努力する子どもは、一度失敗するとよりハードルの低い課題を探し始めますが、「自分ができること（能力を伸ばすこと）がうれしい」と感じて努力する子どもは、失敗してもなお挑戦性の高い課題に努力し続けるということです。

そのうえでドゥエック教授は、**人に評価されるための動機づけを「パフォーマンス・ゴール**

志向」、自分の能力を伸ばすための動機づけを「ラーニング・ゴール志向」と名づけました。

子育てで必要なのは、いうまでもなく後者です。

子どもには本能的にラーニング・ゴール志向が備わっています。フランスで活躍した哲学者・ジャン＝ジャック・ルソーは、**子どもは生まれながら自発的な成長能力があり、大人側から積極的に働きかけるのではなく、子どもの個性に合わせて援助すべきだ**という**「消極教育」**の必要性を説きました。さらにモンテッソーリは、ルソーの教えから「小さな赤ちゃんは幼児になった瞬間から自立へと動き始める」と、彼の考察を発展させています（『子どもの心――吸収する心』）。

つまり、「誰かにほめられるため」「誰かに見せるため」という動機づけは本能として起動するわけではなく、周囲の大人たちに促がされて動き出す、後付けのものだということです。

「ねえ、ママ見て～」と言われたら「評価スイッチ」をオフに

以下、私の園で設けているルールをご紹介します。

能力が伸びるのは
ラーニング・ゴール思考

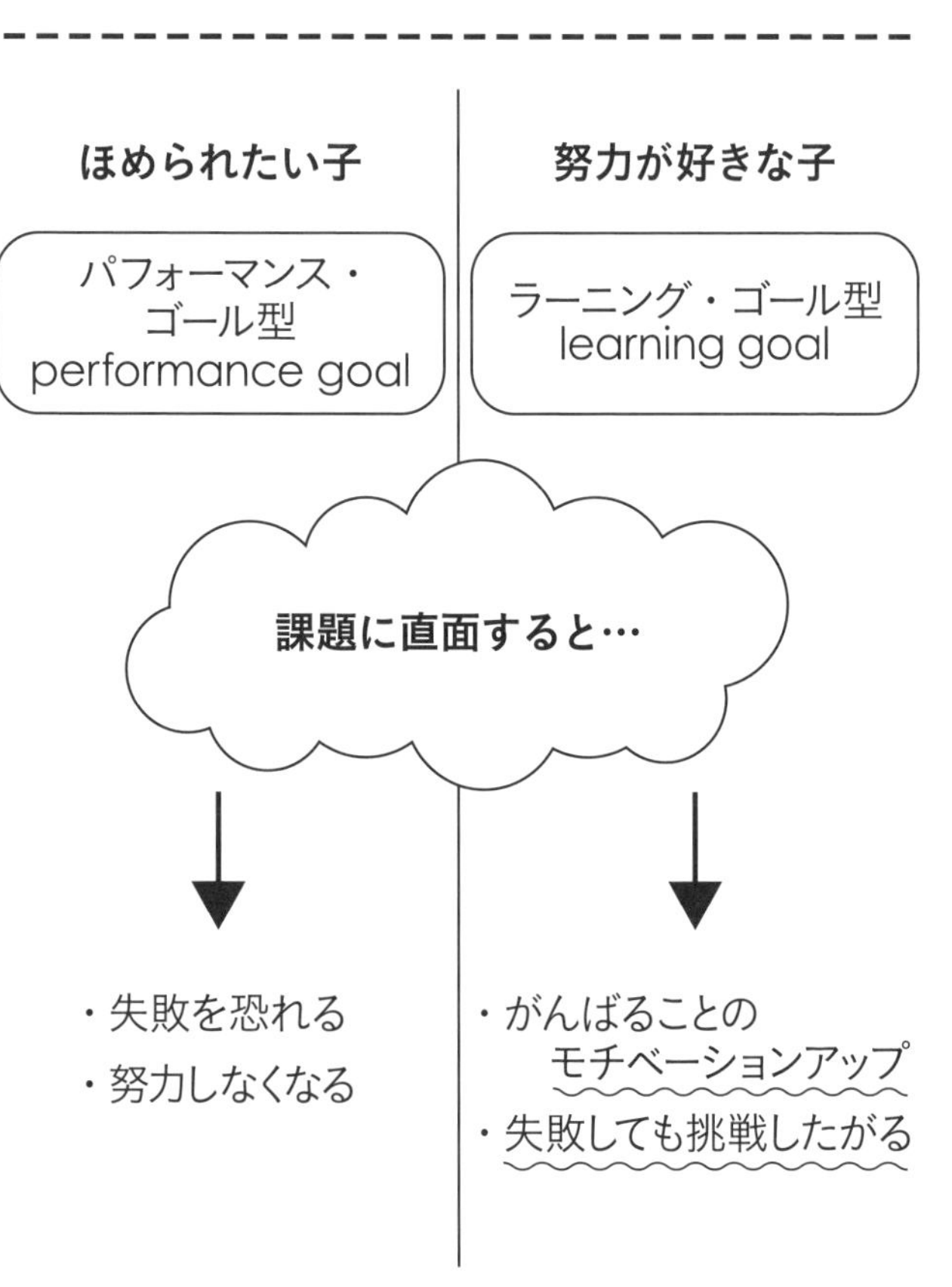

1　お絵描きの時間中、先生は必ずすべての子どもに声をかけること
2　そのとき、「上手」「すごい」といった評価をにおわせる言葉を使わないこと

たとえば、子どもがバナナやリンゴの絵を描いていたとしたら、「上手に描けたね」ではなく、「甘そうだね」「おいしそうだね」という。絵を描き上げた子どもに対する言葉ではなく、対象そのものから感じた感想を言葉に変換していきます。**ポイントは、子どもたち一人ひとりが「何を表現しようとしているのか」に注目すること。**

場合によっては、ある一部分に注目して、質問することもあります。鋭い牙(きば)をもった恐竜を描いていたら、

「この牙を使って何を食べるの？」

一見、何を描いているのか分からない絵のときは、

「赤にピンクに緑、いろいろな色があるね！」

「丸がいっぱいあるね〜」

すると子どものほうから、

「これ、ママとパパとわたし」

「公園に行ったらダンゴムシがいっぱいいたの」

と、うれしそうに解説してくれます。

かつて、情緒が若干不安定な時期があった子どもが、黒のクレヨンを画用紙にこすりつけるようにしていたことがありました。心の不安の表出です。そんなときは、不安を吐き出させ静かに受け止めてあげるのが先決です。

静かな口調で「黒がいっぱいだね。夜なのかな？」と尋ねると、「ちがうの。これおばけ。誰もいない家からたくさんたくさんおばけが出てくるの」と教えてくれたこともありました。こうしたやり取りが、心の浄化（カタルシス効果）につながります。

また、何もしゃべらず黙々と描き続ける子どもがいたら、声かけや質問はせずにそっとしておきます。声をかけるとしても、静かな口調で最低限が基本。新人の先生や研修生は張り切りすぎて言葉数が多くなったり声が大きくなったりしがちなので、声かけの意味を理解させる必要があります。

かわいいわが子が一生懸命描いた絵を見せにきたら、親としてはつい「すごいね」とほめたくなります。**子どもが絵を見せに来たら、「評価スイッチをオフ」にし、「好奇心スイッチをオン」にする習慣を身につけておくとよいでしょう。**そのうえで、その絵が表現しているものにしっかりと目を向けてください。

子どもが自分の表現した物を見せにくるのは、ほめてもらいたいからではありません。自分のしたことに共感を求めているのです。

ポジティブな個性を育むために③

ほめすぎない。「評価スイッチ」はオフにする習慣を。

4 「見栄えの良い絵」を描かせない

パパの誕生日プレゼントなのだから

大人というのは、いつも体裁（世間体）を気にしているものです。それは知らず知らずのうちに、子育ての現場である家庭内にも顔をのぞかせます。

子どもが、「パパにお誕生日プレゼントをあげる」といいながら父親の似顔絵を描き始めたとき、そばで見ていた母親が最後まで口出しせずに見守っていられるのは案外難しいものです。

子どもが「おかしな」絵を描き始めたら、「お鼻はそんなかたちだったっけ？」とか、「ちょっと首が長すぎるんじゃない？」とか、いかにも「似顔絵を描きました」という絵になるように矯正をかけてしまいます。子どもの好きなように描かせてやればよいと分かっていても、つい余計な口出しをしてしまいます。

父親へのプレゼントでさえそうなのですから、幼稚園や保育園で催された遠足の思い出を絵に描いて提出するようなことになれば、なるべく見栄えの良い絵にまとめたいという思いがますます強くなっていきます。

同じことは、園で過ごす時間のなかでも起こりがちです。

よくあるのが、子どもたちの描いた絵や造形物を飾る「作品展」の準備をしているとき。見に来てくださる保護者の期待に応えたいと、先生によっては「よそいき」の作品に誘導しがちです。

あるいは、お遊戯会などの練習中になかなかいうことを聞いてくれない子どもがいると、「それじゃあママが悲しむよ」「みんな見に来てくれるのだからちゃんとやろうね」と、〝誰かのためにがんばって〟というプレッシャーをにおわせながら、励ましたり叱ったりします。とくに行事の多い園では、一年中そんな言葉が飛びかっているようです。

これらはすべて、子どもの内発性や個性の発育に影響を与える「ラーニング・ゴール志向」を阻害する要因となります。周りの人たちに「良い顔をする」ためには、その過程で否応なく「ほかのお友達と比較される」「他人から評価を受ける」という〝トンネル〟をくぐらなければなりません。そこで「挫折」した子どもは、次第に苦手なことを避けるようになり、何事にも消極的になって……このメカニズムは先に述べたとおりです。

そもそも、幼児教育としての絵画、造形、音楽活動などは、人格や身体形成の発達を促す手段であり、専門教育ではありません。自分なりの表現を楽しみ、新たな自分を探求するダイナミズムを感じとるところに意味があります。大人が見て感心するような絵を描いたり、曲を弾いたりすることは求められていないのです。

スイスの心理学者ピアジェは、2〜4歳を「象徴的思考期」、4〜7歳を「直観的思考期」と区分しました。2〜4歳のあいだは、犬の絵を描こうにも子どもは一般化された犬のイメージをもっていないため、自分の心象に映るものだけが「犬」のすべてになります。大人から見て見栄えの良い絵になるはずがありません。

自分で法則を見出す面白さ

私の園では、「サマースクール」の一環として夏休み期間中、ほかの園から登園してくる子どもたちがいます。そのなかには、絵画時間になってもすぐに絵を描こうとせず、しきりに周りの子どもたちの様子をうかがいながら、ほかの子がある程度描きあがったところで同じような絵を描き始める子もいます。慣れない環境、慣れないお友達のなかで緊張している面もあるのでしょうが、早く自分の表現を自由にできるよう、解放してあげたいという気持ちになります。

教育に熱心な有名幼稚園に通っている子どもや、いわゆる受験教室に通っている子どもほど、そのような行動をとる傾向が強く見られます。「自分の好きなように描いていいんだよ」と積極的に声をかけていますが、絵画の時間だけではめざましい変化は見られません。

子どもの内側から思わぬ個性や独創性が顔をのぞかせるのは、日常生活のなかで一人ひとりの感受性が尊重され、自分なりに表現する楽しさの経験をある程度積み重ねてきてからのことです。そこに至るまでには、やはりそれなりに時間が必要です。

もっといえば、子どもには「自分の好きなように描いてよい」という以前に、「描きたくなければ描かなくてもよい」という選択肢も残しておきたいものです。

アートの時間に、絵画の先生のアトリエに行ったときのことです。その日、何人かの子どもたちは一向に絵を描こうとせず、パレットの上で「何色の絵の具と何色の絵の具を混ぜれば、何色ができるか」という現象の探究に夢中になっていました。困ったなと思っていたら、絵画の先生が「今日はこのまま遊ぶことにしましょう」と予定を変更し、その日は結局パレット遊びで終わりました。普通なら、「早く描きなさい」と注意したくなる場面ですが、これはこれで構いません。

また、別の日の絵画の時間でのこと。その日はロウソクで下描きをしたあと、その上に絵の具を載せて、色をはじく技法を試していました。しかし、ある女の子は一人だけロウソクに直接絵の具をつけて、画用紙にこすりつけていました。

あきらかに「間違った」やり方ですが、出来上がったものは誰も予想していなかった美しい重厚感を放つ豪快な作品となり、私も絵画の先生も、その独創性に圧倒され舌を巻きました。これもまた、小さなイノベーションに立ち合った瞬間といえます。

子どもが表現しようとするもの

「見栄えの良い絵を描かせない」とは、ただ好き勝手に描かせればよいという意味ではありません。むしろ、先生たちはお絵描きの時間になると大忙しです。

子どもたちが絵画や造形を行ったときは、保護者にその成果物を見せるのではなく、制作の過程で子どもたちが何を表現しようとしたのかエピソードを添えて説明します。そのためには、子どもたちの様子をじっくり観察し、その過程で発せられた言葉を一人ひとりメモしておかなければなりません。

また、熱心に取り組んでいなかった子どもがいれば、それ以外の何に夢中になっていたか、別の時間に一生懸命表現していたことは何かなど、すべて記録しておかなければなりません。じつに手間のかかる作業ですが、ここで手を抜いてしまうと、お絵描きの時間の意味はまったくなくなってしまいます。

親御さんたちには事前に、「少なくとも年少のうちは、みなさんが喜ぶようなかたちある作品はつくりません」と、発達段階の仕組みとともに「見栄えの良い絵を描かせない」理由を説明しています。3歳くらいまでの子どもがつくるものは、ただ丸めたり、ちぎったりしただけのものですが、それも立派な作品です。

とくに低年齢期（1～3歳）の子どもは、運動そのものに快感を覚える時期です。クレヨンをにぎって画用紙にぐるぐると円を描く回転運動や、右から左に線を往復させる反復運動そのものに意味があります。のりやセロハンテープを使ってぺたぺたと貼りつける行為も、発達上の重要な過程で、これにより指先の技術の発達と集中力が身についていきます。

このように形や見栄えにこだわらない創作活動を続けていると、5～6歳頃になると驚くほどオリジナリティあふれる個性的な表現がたびたび現れるようになります。お友達の絵と似たような絵を描く子どもは一人も出てきません。互いにインスピレーションを受け合いながらも、あくまで自分の表現と向き合っていきます。

そして最終的には、**20人いれば20通りのまったく違う絵が並び、子どもたち自身が自分以外の子どもの気持ちや考えの違いに気づき、相手を尊重するきっかけを得ます。**個性とはこうして守られ、育まれていくべきものではないでしょうか。

ポジティブな個性を育むために④

創作活動はイノベーションの宝庫。
楽しむ過程で、子どもは自分の個性と向き合っていきます。

5 「無意味」なことにとことん付き合う

公園で遊び続けた女の子

外遊び先の公園で、遊んでいる子どもたちの様子を見ていたときのこと。4歳になる女の子が、一人で鉄棒のところで遊んでいました。鉄棒につかまってぶらぶらしたり、下から足をかけたり外したり、ときには片手でぶらさがってみたりと、身体全体をクネクネさせながら、何をするでもなく、小さな子猿のように楽しそうにはしゃいでいました。

数日後、同じ公園にやってきたときも、その子は同じようにクネクネと楽しそうに遊んでいました。別の日も、また別の日も……。近所の公園に遊びに行くたびに、その子は毎回同じ場所で同じように過ごしていました。そのあまりの没頭力に、私は公園に行くたびに、その子の様子を目で追うのが楽しみになっていました。

進級して数カ月経ったある日——ということは、初めてその子の様子に気づいて1年近く経ったある日のことですが、いつもの公園に遊びに行くと、女の子はいつもどおり鉄棒のところへ歩いていき、鉄棒につかまって身体を持ち上げるやいなや、突然クルッと逆上がりを決めたではありませんか！　それも小さな子どもがよくやる、地面を強く蹴った勢いでクルリと回る、あの逆上がりではありません。体操選手のように両腕を鉄棒で支えたまま腹筋の力だけで足を真っ直ぐ持ち上げ、ゆっくりクルリと回転する「本格的」な逆上がりです。

その日の彼女は、何度も何度も同じように逆上がりを繰り返しました。さらに、一緒に鉄棒で遊んでいた女の子たちも、しばらくすると同じように本格的な逆上がりを始めるようになりました。それからしばらくは、近所の公園でちょっとした逆上がりブームが湧き起こりました。

この出来事から得られる気づきはいくつもあるでしょうが、**私が最も心にとめたのは、「無意味」なことを見守る大切さでした。**

突然逆上がりを始めた彼女は、あらかじめ逆上がりができるようになりたいと思って何カ月も鉄棒とたわむれていたわけではありません。ただ、そうしたかったからしていただけです。周囲の先生たちも、彼女の行動に意味を求めるようなことはしませんでした。同じような動きを無邪気に繰り返しているうちに、彼女は逆上がりに必要な筋力を少しずつ発達させ、バランス感覚を磨いていったのです。

幼児教育の何たるか、学ぶとは何か、勉強は何のためにするのか、というたくさんの問いの答えを、私はこの一件から教えられたような気がしました。

子どものもつ可能性は誰にも分からない

「うちの子には、どのような適性があるのだろう?」

小さなお子さんをもつ親御さんなら、一度は頭に浮かんでくる疑問です。その答えは、「おそらく誰にも分からない」。

はっきりいえることは、子どもたち一人ひとりが自発的に興味を示したことは、大人の価値観からは無意味と思われるようなことでも、辛抱強く見守ってあげてほしいということです。

逆上がりの女の子のように、何カ月も同じ場所で同じことをしている子どもがいたら、「たまにはほかのことをして遊んでみれば?」と声をかけたくなるかもしれません。でも、それをしてしまえば、彼女が自然と逆上がりできるようになる日はもっと先になっていたでしょう。一見「無意味」に思えることでもとりあえず付き合ってみるのは、とくに幼児期に求められる大人の大切な姿勢です。

「子どもには無限の可能性がある」といわれますが、それはどんなことでも頑張れば実現できるという意味ではありません。何かを好きになったり夢中になったりするきっかけはそこかしこにあり、**そこから獲得できることは、親にも本人にも予測し得ない無限の広がりをもっている**という意味ではないかと私は思います。

まだ1歳くらいの子どもがティッシュペーパーの箱から1枚ずつ紙を取り出したり、2歳くらいの子どもがトイレットペーパーをぐるぐる取り出したりするたびに、「まぁ〜大変」と慌てふためくのはどの家庭でも同じですが、それすらも子どもの可能性を発掘する、意味のある行為だと思えば、怒りもどこかへ吹き飛んでいくでしょう（ちなみにこれらの行為は、目と手の協応的な運動能力を獲得するためにおこなっているものです）。

なお私の園では、そのような場面を見かけたら「その行為はダメよ」と伝えながらも、すぐさま同じような動きを取り入れた遊びを用意してあげます。子どもには、遊びの対象が間違っていただけで、行為そのものは間違っていなかったと教えてあげたいのです。

遊び道具は手づくりのものがベターですが、余裕がなければ市販のものでも構いません。**子どもの「無意味」な行動は、許される範囲内でなるべく放任してあげてください。**

いまは小さな子どもたちにも、中学生、高校生になる頃には、「この勉強は将来何の役に立つのだろう？」と疑問をもつ日が訪れます。誤解を恐れずにいえば、その意味するところは誰にも分かりません。もっといえば、この勉強に何の意味があるかなんて分からなくてよいのです。

「無意味」と思えることにもとりあえず付き合ってみる大切さは、子育てだけにとどまらず、おそらく一生涯ついて回る生き方そのもののスキルといえます。

ポジティブな個性を育むために⑤

子どもの適性、可能性は誰にも分かりません。
好きなこと、楽しくやっていることをそっと見守りましょう。

6 食事・トイレ・睡眠はマイペースで

一律に管理することの弊害

「個性」という言葉から受けるイメージは人それぞれでしょうが、その性質がいつどのように備わるかは、保育・教育にかかわる人たちの間でも意見が分かれます。

私は、「個性の芽は生まれたときからすでに芽吹いていて、幼児期はその芽を摘んだり枯らしたりしないように一人ひとりを尊重し、周りが援助してあげる」というスタンスです。ですが、人によっては「個性とは、ある程度歳を重ねたうえで出てくるもの」と考える人もいるようです。

そういう人たちの子育ては、「小さなうちはなるべく周りと同じように行動させ、みんなができることは自分もできるようにしておく。そのうえで、大きくなったら習い事やクラブ活動などを通じて個性を伸ばしていけばよい」という考えが根底にあります。

そのような考えで運営される幼稚園・保育園は、あらゆる面で「一律管理」が顔をのぞかせるようです。

なかでも顕著に見られるのが、食事・トイレ・睡眠といった生物としての根本に関わる部分です。「○歳だから食事の量はこれくらい」「トイレトレーニングは○歳から」「○歳だから昼寝は○時間」など、言い方は悪いかもしれませんが、軍隊か刑務所のような厳密さで進められます。

しかし、25ページの図にもあったとおり、食事・トイレ・睡眠といった生理的欲求は、欲求階層のいちばん下に属します。これが十分満たされないかぎり、次の欲求は生まれてきません。**食事・トイレ・睡眠が自身の成長に合わせて安定的に行えない子どもは、習い事や体験活動に参加させても、自分からやりたいという欲求が湧いてこないのです。**これでは、熱心なのは親ばかりという状況に陥るのが目に見えています。

食事の時間、あまり食が進まない子どもがいれば「○○ちゃん、ちゃんと食べようね」と言い、お昼寝の時間、寝つきが悪い子どもがいれば「みんな寝ているよ、目をつぶって」と促し、お昼寝の時間が終われば「はい、みんな起きようね」とふとんを引きはがす。悪気はないのでしょうが、このような管理が子どもたちの個性を少しずつむしばんでいかないか心配でなりません。

幼児は食事・トイレ・睡眠がマイペースでできると、「I'm alive！」（わたし、生きている！）といわんばかりの表情をして、すべての行動が生き生きとし始めます。

逆にこれらがマイペースでできなければ、「楽しい場所があるから遊びに行こう」「面白い絵本あるから読んであげよう」と誘っても乗ってきません。たとえ興味を示しても、意欲や集中力が持続しません。

ジャン＝ジャック・ルソーは著書『エミール』のなかで次のように述べています。

「食事と睡眠の時間をあまり正確にきめておくと、一定の時間のうちにそれが必要になる。やがては欲求がもはや必要から生じないで、習慣から生じることになる。そんなことにならないようにしなければならない。子どもにつけさせてもいいただ一つの習慣は、どんな習慣にもなじまないということだ」

生理現象をデザインするデンマーク流

子どもの生理現象との付き合い方について、私もこれまでさまざまな研究成果に触れてきました。なかでも、いちばん参考になったのは、デンマークの保育園での取り組みでした（『デンマークの教育に学ぶ』江口千春）。

デンマークの子育ての現場には、「食事も散歩も昼寝も無理やりやらせる必要はない」という考えが浸透しているそうです。

体調不良など特別の理由がないにもかかわらず、あまり食が進まない子どもがいれば、「ま、そのうち食べるでしょう」、お昼寝の時間でも寝ない子どもがいれば、「ま、寝たくない理由があるのでしょう」。このように考えるのだそうです。おむつを外す時期については、「子どもが『トイレでしたい』とシグナルを出したら」だそうで、とくにトイレトレーニングなどはしないのが一般的だといいます。

私の園でもおおむねこのアプローチを取り入れ、食事もトイレも睡眠も、すべて各人のペースに合わせています。好き嫌いが多い子どもには、無理に食べさせません。その代わり、調理法や盛りつけのお皿を変えたり、別の材料を加えたり、あの手この手で工夫をしていくうちに嫌いだったものが食べられるようになり、集中力がついたり表情が豊かになったりする子どもがたくさん現れました。

子どもたち一人ひとりのトイレの間隔を先生が記録し、職員全員が絶妙のタイミングでトイレに誘うことで、園での生活を自信をもって過ごせるようになります。

睡眠についても、親御さんと相談しながらお昼寝の時間を調整したり、登園やお迎えの時間を調整したりすることで生活のリズムを整えていきます。すると、お友達との人間関係も驚くほど良くなっていきます。

睡眠の乱れは、人間関係に支障をきたす原因となります。ここには必ず、「人の話を聞くことができない」「順番を待てない」「少しのことで許せなくなる」の3点セットがついて回ります。

このような取り組みを続けてあきらかになったのは、**お腹がすかない子ども、眠くならない子どもの多くは、外遊びの時間が不十分という事実でした。**

この時間を充実させると子どもたち一人ひとりが自然とマイペースで過ごせるようになり、園全体が落ち着きのある生活を送れるようになります。

強い個性を育むには、規則正しい食事、トイレ、睡眠から。身体的に快適な条件がそろえば、フロー体験ができるようになったり、お友達とのアイデア交換がスムーズになったり、ファンタジーあふれる遊び方ができるようになります。

ご家庭でも、子どものペースを尊重しながら「生理的環境をデザインする」という意識で楽しく付き合っていただければと思います。ほかの子と比べてあせる必要はまったくありません。

ポジティブな個性を育むために⑥

あらゆる欲求のベースとなる食事・トイレ・睡眠。
これらを自然にまかせると、個性も大らかに育っていきます。

COLUMN 2

運動会をしない理由

日本の園は行事が多すぎる

日本の保育園・幼稚園は、「行事」が多すぎます。七夕まつり、演奏発表会、父の日と母の日、ひなまつり……と、毎月のように特別イベントが行われています。一方、欧米のどの国を見ても、行事らしいイベントは卒園式くらいしかなく、驚くことに入園式すらありません。

私の園でも、行事は最低限にとどめています。というのも、行事は保護者に見せるためのものが多く、そのための「練習」に多くのムダな時間が割かれてしまうからです。フローを促す自由時間や外遊びの時間をそぎ落とし、大人を喜ばせるための（外発的動機）行事の練習に貴重な時間を費やすことは、ムダでしかないと考えています。

なかでも私が最も違和感をもっているのが、定番中の定番、「運動会」です。

一般的に運動会は、子どもも大人も大好きな、幼稚園・保育園最大のイベントでしょう。

わが子がリレー競争やお遊戯でがんばっている姿を見ると、思わず涙を誘われます。「うちの子の成長ぶりに感動しました」「先生もいろいろ大変だったでしょう」と終了後に保護者から感謝の言葉をかけられると、先生たちも悪い気はしません。

しかし、幼児がきれいにみんな揃って踊ったり、行進したり、そもそも整列したりするわけがありません。練習に練習を重ね、「いやだ～」と座り込む子を立たせ、「また今日も？」という子を「ママやパパに喜んでもらいたいでしょ！」と言い、当日の感動的な「ショウ」がつくられるのです。そして、子ども自身も年長になるにつれ、先生や親の情熱、希望を叶えてあげたいと思うようになります。もはや誰のための行事なのか分かりません。

社会主義国の子どもたちが一糸乱れず踊ったり行進したりしている姿をテレビで見ると、「かわいそう」「気持ち悪い」と嫌悪感を抱く人は少なくありませんが、わが子が運動会で同じような姿を見せると「感動した」と手放しで喜んでしまうのはどういうわけでしょうか。

そもそも、運動会というイベントが学校行事として定着したのはいつ頃なのか？

調べてみると、その起源は明治時代に海軍兵学寮で英国人教官のもと催された「競闘遊戯会」にまでさかのぼることができます。その4年後、札幌農学校で開かれた「力芸会」が、継続的かつ全国的に普及するきっかけとなった「運動会の祖」と記録されています。１８８３年には東京大学で「運動会」という名称が使用されていました。

当時は富国強兵という政策のもと、小中学校の体育にも「集団にしたがい連帯意識を高める」という集団訓練や兵式訓練の機能が求められ、運動会はその精神性や連帯感の成果を公表し、鼓舞する場と位置づけられました。行進や応援合戦といった運動とはまったく関係ない種目がラインナップされているのは、おそらくそのためです。

また、とくに地方ではいまだに運動会に地域のお祭り的な意味合いがありますが、それは運動場をもたない学校が多かった明治時代、地域の神社やお寺の敷地を借りて運動会を催した歴史が、いまなお受け継がれているためです。

このように、運動会は戦争に向けた準備を進めるうえで欠かすことのできない、幼少期からの精神鍛錬の場、集団訓練の場として太平洋戦争終結まで大切な役割を担いました。それが戦後もほぼ同じフォーマットで引き継がれているのは、世の中に集団訓練の重要性に対するゆるやかな合意形成がなされているためでしょう。

あるいは単純に、子どもが頑張る姿を見て喜びたいという大人たちの欲求に応えてのことです。それは同時に、社会全体が「従順なサラリーマン的思考をもった人間」を量産するシステムに加担しているといえなくもありません。

競争心は育むべきか？

子どもの内発性や個性の育成に理解のある方々でも、なぜか運動会だけは「別腹」のようです。私が運動会の問題点を提起するたびに、「そこまで目くじらを立てなくてもよいのでは？」という意見を教育関係者からよく耳にします。入園説明会である親御さんから、「集団訓練の機会をなくすと、小学校に上がってから苦労しませんか？」と聞かれたことがありましたが、集団訓練で身につくのは協調性ではなく、無条件で集団にしたがうことが正しいのだと思い込む同調性です。

別の親御さんからは、「競争心みたいなものが育たないのではないですか？」と心配されたこともありました。私が調べたかぎり、日本の運動会に類する行事は海外ではほぼ行われていません。仮に、運動会が強い競争心を育む場であるとするなら、いま頃日本は世界一競争心の強い国になっていてもおかしくないはずですが、果たしてそうでしょうか……。

そもそも競争心とは、誰もがもっている生存本能の一つです。私の園では競争心を煽るような活動はあえてしていませんが、それでも5歳を過ぎる頃になると、生活のあらゆるシーンで子どもたちの競争心がたくましく育っている様子を目にします。椅子取りゲームをやろうものなら、お友達に椅子を取られただけで大号泣する子どもが続出です。

逆に、幼児期から他人に勝つことをほめられたり、勝った負けたで親が一喜一憂する姿を見せられたりすると、子どもは競争心を育むどころか、手っとり早く自分より弱い相手を探すようになってしまいます。

私の園では運動会に類する「フェット・デュ・スポール（親子スポーツ・ピクニック会）」という行事を行っていますが、行進やお遊戯はもちろん、その日のための練習も一切行いません。「日頃の成果を見てもらう」という目標設定がないのです。主体性や想像力、運動能力が飛躍的に成長していく時期に、子どもたちを反復練習に付き合わせる必要はないという考えからです。

多くの幼児たちが「反復練習」に付き合っている一方、私の園では伸び伸びと過ごし、子どもたちが夢中になる活動を入れたりしています。2学期は子どもたちの成長が著しい時期であり、主体性や想像力、運動能力がますます成長する好機でもあるのです。

日本で運動会的な行事が行われるようになって150年近く経ち、時代状況も価値観もずいぶん変わりました。運動会は現代日本の教育現場に本当に必要な行事なのか。そろそろ再考する時期に来ているのではないでしょうか。

PART.3

誰とでもうまくやれる大人に育てる6つの理論

——アクティブな協調性を育む

世界のどこへ行こうとも
誰とでも良好な関係を築ける人に

海外で仕事をしていると、「日本人は礼儀正しい国民」とよくいわれます。

しかし、礼儀正しさゆえに相手を尊重しすぎてしまうのか、英語を流暢に操れるような人でも、外国人とすぐさま対等の関係を築ける人はあまりいません。

どうしてそうなるのでしょうか？

長年の疑問は、子育ての現場にたずさわるようになって解けました。日本の保育・教育は、集団のなかで自分を「殺し」、周りに合わせることを良しとする雰囲気に支配されがちなため、知らず知らずのうちに幼い心に強い「同調力」を植えつけてしまうのです。

ある調査によると、先進国の子どもたちの「自己肯定感」は、日本だけ著しく低いのだそうです（平成26年版　子ども・若者白書）。自分に自信をもてること、自分の生き方に満足できること。それがなければ、自分と異なる立場や意見を認め、互いに助け合い、大きな目標に向かって協力し合える「協調性」は身につきません。

大人でも子どもでも、馬が合わない人の一人や二人はいるでしょう。けれど、そのような相手とでもうまくやっていける資質さえあれば、困難な道もおのずと開けていく可能性が高まります。

内発性、個性とともにアクティブな協調性もまた、人生を前へ前へと推し進めてくれる大きな力になります。その出発点となる「自分自身を認める力」「相手を尊重し対等な関係を築いていけるコミュニケーション能力」の育て方を、詳しくお話ししていきます。

1 一人遊びの期間を完走させる

3~4歳の子どもはまだ「一人遊び」でいい

親御さんからの質問で最も多いのが、「うちの子、お友達と上手に遊べていますか?」「みんなと仲良くできていますか?」です。

みなさん、お友達との関係を非常に気にされます。心配される気持ちはよく分かりますが、3~4歳くらいまでの子どもは、お友達との間にケンカや葛藤が見られるほうが普通です。ケンカをしたからといって過度に心配する必要はありません。

子どもは2歳を過ぎると、歩く、走る、跳ぶなどの動きが活発化します。自我も育ち、自己主張も強くなります。遊びを介して他者を意識し、興味をもつようになるのもこの頃からです。そして3歳を過ぎれば、「ごっこ遊び」もそれらしくなり、子どもたちだけでやり取りする機会も増えていきます。

親御さんとしては、子どもどうしが衝突すればハラハラし、一人だけ大人しくしていれば

「お友達の言いなりになっていやしないか」「いじめられていやしないか」と心配事が多くなるのもこの頃からです。しかし、3〜4歳頃の子どもというのは、**周りからは友達どうしで仲良く交流しているように見えても、じつはまだ「一人遊び」の延長線上で友達とかかわろうとしている時期です。**子どもによっては、親や先生など親しみのある大人との「一対一の遊び」を好む時期でもあります。

スイスの心理学者ピアジェは、「自己中心性」という理論を提唱し、世界中で広く認知されました。

自己中心性とは、6〜7歳くらいまでの幼児は主観と客観の区別が未分化の状態で、周囲の物事を自分の視点や経験のみを中心にして捉えてしまう心理特性をいいます。要するに、幼稚園や保育園で年長さんに当たる5〜6歳くらいの子どもは、「自分は集団の一員である」という自覚は芽生えてはいるものの、他者の立場から自分を客観視できる状態にないため、本当の意味で相手の気持ちを理解できる段階には至っていないということです。

また、ドイツで活躍した教育者ルドルフ・シュタイナーは、9〜10歳くらいまでの子どもは自分と周囲を区別できず、世界全体を自分の同族と感じている状態にあると論じました。たしかに私自身のことを思い返しても、父親も母親も自分とは違う考えをもっていて、彼らはあくまで彼らの立場から自分のことを見ているのだと気づかされたのは小学4年生くらいの頃でした。まさに、シュタイナーの説にピタリと符合します。

一人で黙々と遊んだ子どもには自然と魅力が備わる

つい先日のこと、いつものお散歩先である近所の公園に子どもたちを連れていくと、昨年まで一人でブランコをこいだり鉄棒をしたり一人遊びに夢中になっていた女の子が、同じく公園に遊びに来ていたほかの保育園のお友達に、一緒に遊ぼうと誘っている姿を見かけました。どうなるか様子をうかがっていると、彼女はお花を摘んでいた女の子に自分が摘んだお花を手渡し、しばらく一緒にお花摘みをしていました。そのあと、自分が得意なブランコや鉄棒のほうにその子を誘い、それからは自分がリードするかたちで一緒に楽しく遊ぶようになりました。

一人で黙々と遊ぶのが好きだった子どもが、気がつけば自分からお友達に声をかけるようになるのは、おおよそ5歳頃からです。

一人遊びに没頭する期間は子どもによって差がありますが、私の実感ではその期間が長ければ長いほど、あるいは**低年齢期（3歳前後まで）に、周りの子どもと遊ぶより先生にべったりくっついているほうが好きだった子どもほど、5〜6歳になるとお友達とのコミュニケーションがとても上手に図れるようになります。**

さらに、周りのお友達から「魅力的な存在」として注目されます。おそらく、一人で遊んでいる期間にオリジナルの遊びに磨きがかかり、自分なりの世界観が構築されたためでしょう。大人の世界でもそうですが、揺るぎない「自分の世界」をつくり上げている人は、周囲の人たちを惹きつける魅力が自然と備わるものです。

反対に、一人遊びの期間を消化しきらないまま、早い時期から周りのお友達に関心を示し始めた子どもは、幼児期の後期頃（5〜6歳）になると、お友達との関係に苦労するシーンが増えてきます。

たとえば砂場で遊ぶとき。一人遊びを十分やり尽くした子どもは、まず自分で穴を掘ったり山をつくったりして楽しみます。そして完成した穴や山をお友達の穴や山とつなげるなどして、周囲に遊びの輪を広げていきます。

しかし、一人遊びが中途半端だった子どもは、お友達が苦労してつくった砂の山を勝手にさわり始めるなど、いさかいの種をまいていきます。自分一人でも楽しめる遊びをもたないままお友達に近づいていき、周りのお友達が楽しんでいる遊びに依存しよう（タダ乗りしよう）とするわけです。相手は自分の遊びを横取りされたと思い、あまり良い気分はしません。

また、そのような子どもには集中力が足りない、何でもすぐに投げ出す、情緒不安定といったネガティブな特徴も見られます。

親御さんにしてみれば、お友達への関心を早くから示した子どもや、言葉を早くから覚えた子どもは、いかにも順調な成長を感じさせて喜ばしいものですが、むしろそういう子どもほど先を急がず慎重に見守っていく必要があります。

一人遊びの時間は、6歳頃になって慌てて取り戻そうとしても、なかなかうまくはいきません（発達が平均より遅い子どもであれば可能性はあります）。6歳を過ぎると、文字が読めるようになったりテレビや電子機器からの情報を楽しめるようになるため、手指を使って一人で没頭するようなブロック遊び、お絵描き、粘土、造形などに夢中になれる環境が整わないのです。

モンテッソーリは、手指で教具を使って難しい作業を克服することに満足感を示す子どもたちからは、無秩序で自分勝手な行為が消え、自分をコントロールできるようになる姿を認めました。彼女はそれを「正常化」と名づけました。反対に、そのような運動を伴う活動に集中できない環境で育つことを「逸脱」と呼びました。逸脱は無気力で他人に依存的になったり、心理的防衛により他人の考えを理解しようとしなくなるなど、のちの成長に大きな影響を与えるようになると説明しています。

周囲との円滑なコミュニケーション能力を育む芽、アクティブな協調性は、じつは一人遊びをしている期間に、人知れずその栄養を蓄えているのです。

「うちの子、一人遊びをちゃんとしていますか？」

一人遊びや、大人との1対1の遊びに没頭できなかった子どもは、必ずしもその子に原因があるわけではありません。幼稚園・保育園の保育方針に問題があった可能性も指摘できます。

幼稚園・保育園には、「年少」「年中」「年長」という年齢別のクラス分けがあります。この分類に引きずられるように3歳の年少さんを、次の年中・年長さんにステップアップさせるための準備段階と位置づけると、園によっては年少さんにまで集団遊びや集団行動などをさせるところがあります。その影響で、一人遊びや大人との1対1の遊びをすべき時期にそれができなくなる子どもが出てくるのです。

『保育所保育指針』は3歳未満と3歳以上のアプローチを明確に分けていますが、指針に示された発達段階と現代社会の子どもたちの姿を照らし合わせると、現実的な分岐点は3歳ではなく5歳前後ではないかと私は感じています。ほかの園の先生方も同じようにいわれているので、おそらく的外れな見解ではないでしょう。

2015年、NHKで放送されたイギリスのドキュメンタリー『4歳児のヒミツ――驚きがいっぱい』では、社会性を育み始める年齢としての4歳児の姿が紹介されていましたが、年少から年中へ変わろうとする4歳児は揺れ幅の大きい年頃だと私も感じています。

いつまでも「ママ〜」といいながら母親にしがみついていた3、4歳の子どもたちも、5歳前後になると母親からあっさり離れられるようになります。先生と1対1で遊ぶことを求めていた3、4歳の子どもたちが子どもどうしで本格的に遊ぶようになるのも、5歳少し前頃からです。

つまり、3、4歳までは親または保育者と1対1の関係を築くべき年齢（ナーサリーエイジ）で、いわゆるキンダーガルテン（「子どもの庭」という意味のドイツ語で「幼稚園」の原型）の名にふさわしい年齢は4〜5歳ということです。

親御さんが幼稚園や保育園の先生に、「うちの子、お友達と上手に遊べていますか？」と尋ねるのは悪いことではありません。でも、せっかくなら3～4歳くらいの間は、「うちの子、一人遊びをちゃんとしていますか？」と尋ねられたほうが、発達段階に即した自然な問いかけとなるでしょう。

アクティブな協調性を育むために①

一人遊びに十分没頭させること。
大人と1対1で遊ぶことも大切です。

2 甘えたい子は何歳でも甘えさせる

甘えん坊ほど面倒見がよい子に育つ

「甘えさせてよいのは何歳くらいまででしょうか？」

これも、親御さんからよく受ける質問の一つです。結論からいえば、何歳までもＯＫ。その理由をご説明いたしましょう。

「先生、一緒に遊ぼう」

「ママ、一緒にいて」

どの園にも母親や先生にべったりくっついて離れない子どもがいます。しかし、4歳頃までそのように過ごした子どもは、不思議なことに5～6歳頃になると母親や先生からどんどん離れ、「先生は向こうで見ててね」と言い残して、自分からお友達の輪のなかへ入っていきます。

しかも、そのような子どもは、大半がその輪のなかでリーダーシップを発揮するようになります。

つい最近まで甘えん坊だった自分に周りがどのように接してくれたか、その「技術」を身体で覚えているのでしょう。自分が逆の立場になったとき、周りのお友達を喜ばせる接し方を実行できるようなのです。

どこへ行くにも母親や先生の手を握りしめ、また母親や先生から愛情をもって寄り添われていた子どもほど、数年後にはほかの子どもたちの心に深く寄り添える子どもに成長する――これが私の実感です。米国の発達心理学者エリク・H・エリクソンは、「ライフサイクル理論」において、〝無条件の愛〟を受けた基本的信頼（basic trust）が自己への信頼につながっていくと説いています。

無償で愛され、自分を受け止めてもらった経験は、他人への思いやりにつながります。だから私は、少し手がかかりそうな甘えん坊の子どもを預かったときほどうれしい気持ちになります。ふだん甘えるそぶりをあまり見せない子どもが、たまに母親や先生に甘えている姿を見せたときも同様です。

周りに適切な受け手がいれば、子どもは安心して甘えてきます。そして、**甘えん坊の子どもをしっかり甘えさせることで、とても面倒見のよい子に育つのです。**

デキる人ほど子どもの頃は「甘え上手」

しっかり甘えることができて育った子がリーダーシップを発揮できるという法則は、大人になっても大きな影響を及ぼします。

みなさんの周りにもいらっしゃると思いますが、職場で強いリーダーシップを発揮する人、人間的な魅力に満ちあふれている人は、おそらく一人でなんでもこなせるスーパーマンタイプではないはずです。自分が苦手なことや自分一人の力では達成が難しいことがあれば、周りの助けを自然に借りられる人ではないでしょうか。

幼い頃、周りの大人に安心して甘える経験をさせてもらった人ほど、大人になってからも周りの力を信じて頼ることができるのだろうと、私なりに解釈しています。

反対に、早くから「自立」して、大人たちにほめられて育った子どもは、大きくなっても周りに頼ることに罪悪感を覚え、チームで協力すれば達成できたような課題を一人で抱え込み、自滅するパターンにはまりやすくなります。

親御さんのなかにはいつまでも抱きついて離れようとしないわが子を見かねて、「このままではみんなのなかで孤立してしまうのでは?」と心配したり、「みんなと一緒に遊んできたら？」と無理やり子どものお尻を叩いたりする人がいますが、これは子どもの協調性や社会性を育むという意味ではまったくの逆効果です。イソップ童話の「北風と太陽」にもあるとおり、子どもは離そうとすればするほどくっついてきます。それよりも、思う存分甘え終えれば、子どもはみずから親元を離れていくのです。

甘えの未来が見えれば、心も軽くなる

人間は「所属と愛情の欲求（社会的欲求）」が満たされないかぎり、次の段階にある「社会的承認（尊重）」や「自己実現の欲求」が起こらないという仕組みは既述のとおりです。第一章の冒頭でもご紹介したように、心の「安全基地」が構築されて初めて、子どもに協調性や社会性を獲得する意欲が湧いてきます。

最近は小学校高学年になっても、「先生、抱っこして」と迫ってくる子どもがいるそうです。このエピソードを教えてくれた先生は、児童にそういわれて一瞬躊躇したものの、その子の求めに応じて「たかい、たかい」をしてあげたところ、両腕で持ち上げるには決して軽いといえない小学生が心の底からうれしそうな顔ではしゃいでみせたとおっしゃっていました。裏を返

せば、現代の子どもが抱える「心の土台の不安定さ」を感じさせるエピソードともいえます。

子どもが甘えてくる期間は、人生という長いスパンから見れば、ほんの一瞬の出来事です。子どもが求めてくれば、何歳であろうと甘えさせてください。ある子どもはそれが4〜5歳くらいまでかもしれません。ある子どもは9〜10歳くらいまでかもしれません。

甘えてくる子どもの顔を見ながら、彼らの健全な成長に手を差しのべている喜びが感じられれば、ときには「うっとうしい」と思える瞬間も、心が軽くなり幸せな瞬間に変わるはずです。

アクティブな協調性を育むために②

「甘え上手」も生き方の技術の一つ。
甘えん坊は、甘えたいだけ甘えさせましょう。

3　ルールは子どもたちにつくらせる

ルールを絶対視する日本人のメンタリティ

サッカー日本代表監督のハリルホジッチ氏は、日本人選手のメンタリティとして、「le vis」が足りないと、ことあるごとにいっています。似たような言葉にポルトガル語の「malicia（マリーシア）」があります。どちらも「ずる賢さ」と訳される、日本人にはなかなか理解しがたい概念の一つです。

ずる賢さというと、私たち日本人は「ずるをして利益をかすめとる嫌なヤツ」というネガティブなイメージを抱きますが、le vis にしろ malicia にしろ、本来そこに悪いイメージは一切ないといいます。「決められたルールの範囲内で自分に有利なように状況を動かす力」を、とくにサッカーの世界ではそのように呼んでいるのです。

なかでもハリルホジッチ氏が口うるさくいっているのが、「ペナルティーエリアに入ったら相手のミスを誘いなさい」（相手がファウルを取られればペナルティーキックとなって得点する確率が一気に上がる）。ハリルホジッチ氏以前の代表監督も異口同音に同じような指摘をしていましたから、le vis の足りなさは日本人に根ざした国民性の一つといえるのかもしれません。

私が欧米各国のビジネスパーソンと丁々発止のやり取りをしていた頃、何度も戸惑わされたのが、ルールというものに対する彼らの感覚でした。

私たち日本人は、あらかじめ決められたルールや規則というものを絶対視する傾向にあります。しかし欧米人の多くは、こう考えます。

「ルールは話し合い次第で変えていけるもの」
「ルールは解釈次第で自分たちの側に引き寄せることもできる」

まずはルールのなかでパフォーマンスの最大化をねらいますが、そこに限界が見えてきたら、ルール自体を修正してしまおうという発想です。

子どもの協調性を育むうえで、この「ルールという概念」をどのように教えるかは非常に重要です。結論からいえば、**ルールを自分たちでつくることを覚えた子どもは、確実に強い協調**

性を身につけていきます。

秩序や規律は本能が求める

私の園の例をご紹介しましょう。

たとえば給食の時間。その日のメニューは「天然酵母パン、もちきび入りかぼちゃコロッケ、ほうれん草とツナのコーンサラダ、大豆と3種野菜のスープ」でした。ふだんから、「ごはんとおかずを混ぜて食べるのはマナー違反」と教えていますが、その日はある男の子が食パンの中にかぼちゃコロッケをはさんで食べ始めました。でも、先生たちはとくに注意しませんでした。

また、園内で椅子取りゲームをしていたある日のこと。少しでも早く椅子に座ってやろうと、椅子の周りをわざと小さく回る子どもや、椅子に手をかけながら回る子どもが続出しました。ゲームの公平性からいえば注意すべきところですが、これも先生たちは注意しませんでした。

その場にいる子どもたちが不快にならず、またモラルとして問題がないようなら「決まりは決まりだからダメ」と頭ごなしに注意しない――これが私の園の決まりです。「ルールは絶対的なものでなく、そのときどきで変わる柔軟性のあるもの」という認識を皮膚感覚でもってもらいたいのです。

皮膚感覚というのは、「いつもならダメといわれそうだけど、今日の雰囲気ならなんとなくOKになりそう」とか、「今日はこの程度までなら許してもらえそう」という〝程度〟の感覚です。その判断基準が何にもとづくのかといえば、子どもたち各々が考える「集団の快適性」です。それを基準に何事も対話を通じて決めていきます。

先生も、子どもたちの要望や提案を断るときは子どもたち自身に「たしかにそうだよね」と納得してもらわなければならないので、対話もおのずと真剣になります。そうして、園内の決まり事は「周りのみんなが気持ちよく楽しく過ごせるためにあるもの」と理解した子どもたちは、**「自分だけ良い思いをしたい」という欲求が湧き起こったとき、周りの利益と自分の利益の調和を自然に考えられるようになります。**

3～4歳までの子どもは、たんに好き嫌いを表明するだけです。周りにいるお友達の気持ちまで汲みとる余裕はありません。しかし5～6歳ともなれば、自分の希望を伝える際に、相手の立場や周囲の状況も考慮に入れた「提案・交渉」ができる子どもが増えてきます。

たとえば先生が「お誕生会のプレゼントをつくりたいから手伝ってくれる？」と聞けば、「ぼくはいまトランプをやりたい。先生のお手伝いは、夕方のぼくの自由時間のときにしてもいい？」

あるいは「今日はT公園で外遊びをします」というと、「今日はF公園で遊びたい。だって、天気が良くみんなで砂遊びができるから。昨日もT公園だったから今日はF公園の番でいいでしょ？」

と、先生を説得する材料を二つくらい揃えて交渉してくることもあります。

つい最近までわがままばかりいっていた子どもが、こんなに周りのことを考え、説得材料を揃えて話せるようになるのかと、私のほうがびっくりさせられるくらいです。

子どもというのは、成長に伴って秩序や規律を本能的に求めるようにできています。

モンテッソーリは『幼児の秘密』のなかで、子どもは生後間もなくの頃から秩序に対する独特の愛である「秩序感」をもっているとの考察を示しました。ただし、子どもが感じる秩序は大人のそれとはずいぶん違います。

ある日、4歳になったばかりの男の子が私と二人で鬼ごっこをしたいというので、その子が鬼になり私を追いかけ始めたときのことです。しかし、すぐさまその子は「違う、違う」と私の動きに強烈なダメ出し。「この木の周りをぐるぐる回って逃げてほしいの」。それが彼にとっての「秩序」でした。いわれたとおり木の周りをぐるぐる回る私を追いかけた彼は、私が鬼になるとやはりその木の周りをぐるぐる回って逃げました。このように遊びや生活のなかから、子どもたちは秩序や規律の心地よさを覚えていきます。

ルールを絶対的なものと教えられなかった子どもたちが、5〜6歳になると自然に「ルール」を求めて自発的に行動できるようになるのは、少なくとも私の園では毎年のように確認されている事実です。

スウェーデンには小学校の校則を校長先生と各学年の代表が会議で決める学校が多いそうです（『北欧教育の秘密』遠山哲央）。学校によっては、地域にある保育園の年長組の代表まで会議に参加させるところもあるといいます。そのような経験をした子どもは、ルールは集団生活をしばるためにあるのではなく、集団を構成する一人ひとりを幸福にするためにあるという意識をもつようになることでしょう。

複数の子どもたちが集まってルールをつくっていく経験ほど、協調性を育む格好のトレーニングはありません。兄弟姉妹のいるご家庭は、子どもたちに小さなルールをつくってみるように、さっそく促されてみてはいかがでしょうか。

アクティブな協調性を育むために③

ルールは自分たちがつくるもの。その発想が協調性の芽となります。

4 「みんな」は禁句

「みんな一緒」宗教が、主体性の芽をつむ

外遊びの時間が終わって食事の時間に移るとき、子どものなかには一人や二人、それまでの遊びに区切りをつけられずにぐずる子が必ず出てきます。

そんなとき発せられる魔法の言葉が「みんな」――おそらく日本中の子育て現場で毎日のように飛びかっているキラーワードです。

「ほら、みんなもやっているでしょ」「〇〇ちゃん、みんなを見てごらん」。じつにさまざまなバリエーションで「みんな」が多用されます。

子どもに社会生活のルールを身につけさせるうえで、「みんなに合わせる訓練」をするのは必ずしも悪いことではないという意見が根強くあります。小学校に進学してから苦労しないように、集団生活に早く慣れるように、大人たちはわが子が「みんなに合わせて行動できる子」になるよう、あの手この手でしつけていきます。

しかし、それらの反復訓練から身につくのは、思考も行動も「周囲に合わせなければならない」と常にビクビクしてしまう、ネガティブな「同調性」です。

協調性と同調性——字音は似ていますが、中身はまったく異なります。同調の出発点は「みんながそうしているから」という外発的動機です。これが強まっていけば、逆に内発的な意欲はどんどん弱まっていきます。

ひいては、集団のなかの一人として自分から積極的に協力していこうという前向きな姿勢が影を潜めます。何かあるたびに、「ほかの人たちはどうしているかな?」と周りの様子をキョロキョロと気にするようになるでしょう。そのように成長した姿が、果たして本当に見たかったわが子の姿でしょうか。

大人にも当てはまる日本社会の「良い子像」

「こういう子どもが良い子どもである」という漠然としたイメージは、国や地域、文化によってまったく異なります。日本の場合は、「先生の言うことをきちんと聞ける子ども」「集団の和を乱さない子ども」が良い子の典型です。

じじつ、年長さんのクラスを担当している先生が、「〇〇ちゃん、もうすぐ1年生でしょ」と周りに合わせられない子どもを追い立てていくのは、「小学校における良い子像」に子どもたちを近づけてあげたいという〝親心〟からです（良い意味で解釈すれば）。

これは大人の社会も同じです。「周りに合わせられる」という特性が好ましいものとされる社会では、出る杭は打たれる運命にあります。社内の会議で一人だけほかの人とは違う意見を述べたいとき、いったん深呼吸をしてから「勇気」を出して発言する必要に迫られるのは、その場に強い同調圧力の空気が蔓延しているからにほかなりません。

自分の意見を素直にいい出せない会社、社会があるとするなら、それは協調性のない人（同調性の高い人）ばかりが集団を構成しているためです。

みんなのほうではなく、子どもの目を見る

日本人はよく、「自分の意見がない」と批判されますが、その原因は成長過程における「本質的なコミュニケーション不足」にまでさかのぼれると私は思っています。

日本の子育ての特徴は、**何かトラブルが起きても「本質的なコミュニケーション」によって**

解決する手段を避ける傾向にあるというのが、子どもたちと先生、子どもたちと保護者のやり取りを日々間近で見ている者の実感です。

おおざっぱな比較論ですが、日本人の親子と欧米人の親子を比べたとき、何か悪さをした子どもに対して欧米人の親御さんが〝Look at me〟と呼びかける光景はとても示唆的です。子どもの目をじっと見つめながら、「わたしの話を聞きなさい」と真剣な眼差しで話している様子を、私は海外に滞在していたとき、また自分の園でも何度も目にしました。

なぜいまの行動に問題があったのか、母親はじっくりと説明するために子どもと向き合います。子どもが反論してくれば、言い分をじっと聞いてやります。そこに「子ども」「大人」という区別はありません。

概して日本の場合は、一方的に子どもを制御しようとする「指導」が目立ちます。しかも、会話の端々に論点を曖昧にする「みんな」という言葉が頻繁に登場します。「ほかのみんなは我慢しているのだから、自分だけ勝手なことをしてはいけません」という具合です。

では、「みんな――」とついいってしまいそうなとき、大人はどうすればよいのでしょうか。

私の園では、次の行動にうまく切り替えられない子どもがいれば、いったん立ち止まって「どうしてうまく切り替えられないのか」をまず考えます。遊びの時間が足りなかったのか、切り替えのタイミングが悪かったのか、先生方が反省すべき点も少なくありません。「どうしてやりたくないの？」と、〝Look at everybody〟ではなく〝Look at me〟の姿勢で応答的に対話を進めていきます。

時間も手間もかかるやり取りですが、これを繰り返していくうちに子どもは、4～5歳くらいになると集団生活を楽しく送るために自分がすべきこと、すべきでないこととの境界が少しずつ見えてくるようになります。周りの目を意識するのではなく、**自分がやりたいことと集団がやりたいことの誤差を、またどの程度ならその誤差が許容されるかを、自分の物差しで測れるようになっていくのです**（気持ちを切り替えられる年齢には個人差があります。また、フロー体験の有無とも密接な関係があります）。

そして5歳を過ぎる頃になると、自然とお友達の集団で遊ぶようになり、どうすれば彼らと良好な関係が保てるか、知的な意見交換をしながら学んでいきます。これは本能的なものなので、大人は見守り、援助するだけで構いません。

結局、集団行動へ促すことも、みんな一緒というプレッシャーをかけることも、大人が子どもを管理するうえでの方便で、子どもの協調性や社会性を育てるうえでは何ら関係がないということです。

まずは、「みんな」という〝便利な言葉〟に頼らないようにすること。真剣に話し合う態度で子どもに接していくこと。そうすれば、大人になったわが子が同調力ばかり強い「自分の意見がない人」になるおそれはなくなるはずです。

アクティブな協調性を育むために④

子どもも一人の人間です。コミュニケーションは本質的に。

5　仲直りさせる前に、言い分を聞く

子どもには子どもの事情がある

幼稚園や保育園では、子どもたちが遊び道具を奪い合うシーンが毎日のように見られます。そのたびに、「もう、○○ちゃんキライ!」「わたしもキライ!」と口ゲンカの応酬が始まるのも毎度のことです。

その場に居合わせた先生は、「ほらほら、ケンカしないの。仲良くしなさい」と急いでその場を収めたくなります。

実はこれが、協調性の芽をしぼませる原因の一つです。

先日、年中さん（4歳）の男の子3人がブロックを使って船のようなものをつくっていたときのことです。

そこへ別の男の子がやってきて「入〜れ〜て」と声をかけましたが、3人の男の子は「ダ〜メ〜」とつれない返事。その様子を見ていた先生は、「入れてあげなよ」といいたい気持ちをぐっとこらえ、なぜ入れてあげなかったかを聞きました。双方の言い分を聞くことが私の園のルールです。

ブロックで遊んでいた男の子たちがいうには、「ブロックの個数が3人で遊ぶのにちょうどよいから4人にしたくない」とのこと。また、そのうちの一人は、仲間に入れてほしいと頼んできた男の子に「さっき自分がつくっていた粘土を壊されたので一緒に遊びたくない」と訴えてもいました。

子どもたちの言い分を聞いていさかいの原因を探っていくと、「なるほど」と思えることがいくつもあります。もちろん、理由があれば仲間外れにしてよいというわけではありません。**大切なのは、どのようにすれば双方が楽しく遊べるかの解決策を先生と一緒になって考えていくことです。**

この「ブロック事件」の場合は、先にブロックで遊んでいた3人がつくったものを、あとから入った子が壊さないと約束することで、4人とも納得して遊ぶようになりました。

子どもたちがケンカをしたら、早く仲直りさせようと解決を急ぐのではなく、まずは双方の言い分を聞いてあげる。そして、しばらく放っておくことです。

3歳児ならまずは自分の気持ちを表出させること、4歳児なら自分とは違う気持ちがあると気づかせることが大切です。そのような経験を積み重ねて5歳になると、いつの間にか子どもたちだけでトラブルを解決できるようになっています。

年齢によって対応は多少異なりますが、「放っておく時間」というのは子どもたちが自分の気持ちを整えるための時間であり、仲良くするにはどうすればよいか気づかせるための時間でもあります。

先生（親）の役割は、愛情をもって子どもたちの気持ちを受け止めてあげることで、解決策を一方的に提示することではありません。「自分が仲間外れにされたらどんな気持ちがするかな？」と、互いの言い分も聞かずに最初から「正解」ありきの説得を試みる大人がいたら、子どものケンカの仲裁としては悪手です。

「仲良くしよう」と教えない

とくに2〜4歳頃の子どもに拙速な「仲良くしよう」は禁物です。

2〜4歳の子どもは大人から見れば友達どうしで交流しているようでも、当人たちは同じ場所に同じ年齢の子どもがたまたまいるだけと認識している場合も多く、子どもたちの間にいわゆるキャッチボールをするようなコミュニケーションは成立していません。知り合いではあるけれどお友達ではないという、微妙な間柄です。

そのような時期に「互いに仲良くすること」を大人の理屈で求めるのは、子どもたちに意味もなく我慢を強いるのと同じです。

むりやり仲良くさせようとすれば、個性の芽や協調性の芽がしぼんでいき、逆に強いあきらめや反抗心が芽生えてきます。

2〜4歳は子どもどうしのケンカが増えてくる時期ですが、この時期のケンカは健全な成長、避けては通れない通過儀礼。自分のことばかり考えてケンカをしていた子どもたちも、5歳になる頃には、お友達を大切にしたいという意識をはっきりもつようになります。

ちなみに、周囲の人たちと協調していくことの重みは、子どものたちの身近な模倣対象である親や先生が、集団のなかで毎日を生き生きと過ごしているかどうかも影響を与えます。親や先生がご近所の人たちと、会社の上司・同僚・後輩たちと、食事や買い物に行った先の店員さんたちと上手にコミュニケーションしている姿を見せれば、その「空気」は不思議と伝わるものです。

たとえ子どもの目の届かないところであっても、ちゃんと伝わっています。

アクティブな協調性を育むために⑤

ケンカは一種の通過儀礼。仲直りさせる前に、ゆっくりその理由を子どもに考えさせること。

6 「ごめんなさい」をすぐいわせない

泣いている子どもへの接し方

「急いで仲直りをさせる前に、まずはトラブルを起こした子どもたち双方の言い分を聞く」たしかにそのとおりなのですが、いざこれを実践しようとするとなかなかうまくいかないことに気づきます。

大声で泣きながら、一人でポツンと立っている子どもがいたとします。先生や保護者は慌てて近づき「どうしたの？」と声をかけるでしょう。泣いている原因がお友達とのケンカだと察すると、「誰とケンカしたの？」と聞くはずです。あるいは周りにいる子どもたちに「誰か見ていた人いる？」と聞くかもしれません。大人にそのつもりはなくても、こういうときの表情はたいていこわばっているもので、子どもたちはその殺気立った様子から、なるべく早くその場を立ち去ろうとします。

「先生が〝犯人〟を探している」と感づけば、「わたし（ぼく）じゃないよ」とアピールしたり、自分は関係ないという素振りを見せたりして、怒られまいと懸命になります。仮に〝犯人〟が見つかったとしても、そのような状況では双方の言い分を聞く雰囲気にならないこともしばしばです。

「頭の良い子」は「ごめんね、ごめんね」を連発して、急いでその場を取り繕おうとしますが、心のない謝罪ほど相手を不愉快にさせるものはありません。それは子どもも大人も同じです。

「ごめんなさい」といっておけばその場が収まるという〝知恵〟は、いりません。幼少期に協調性が育まれるチャンスをみずから奪うことになりかねません。

大切なのは原因究明ではありません。まずは泣いている子どもに寄り添い、身体に触れながら落ち着いて、ゆっくりと優しく「どうしたの？」と声をかけるところからです。

もし、「Sくんがぼくのボールを取った〜」と訴えれば、「そうなんだ」「取っちゃったんだ」と共感の言葉を繰り返すだけで構いません。子どもが動揺している渦中に、自分の行動に問題はなかったか、Sくんにも言い分があるのではないかと考えさせようとしても、どだい無理な話です。

一方、名前があがったSくんに対しては、「Yくんがボールのことで泣いていたけど、どうしてか分かる？」と聞いてみましょう。「だって、それはぼくが先に使っていたのにYくんに横取りされたから」というような返答が戻ってきたら、Sくんの言い分をYくんに伝えればいいだけです。それについてYくんが何かいえば、またSくんに伝えます。

こうして大人が子どもどうしの言い分を伝える役割に徹していると、5歳くらいの子であれば、自分の主張ばかりしていても埒があかないことに気がつきます。そして、どちらからともなく「じゃあ、そのボール使い終わったらまた貸してね」「そのボールは使いなよ」といい始めるのです。

もめごとを仲裁する技術

こうしたやり取りを、さらにスムーズに進めるためのテクニックをご紹介しましょう。

それは、**お友達を泣かせてしまった子どもの言い分を聞く際に、会話の端々に、その子の自尊心をくすぐる話題をもぐり込ませることです。**

「そういえば、今日はTちゃんのシール貼りを手伝ってくれてありがとう」「昨日は椅子を並べるのを手伝ってくれてありがとう」など。大人でもそうですが、自分に対して肯定的な意見を述べられると「先生はぼくを怒っているわけではないのだ」と理解してくれます。

そうやって対話の下地をつくったうえで、「先生はお友達にボールを貸してあげることも大切だと思うけどどうかな？」と尋ねれば、それまでの意固地さはどこへやら、明るく前向きな顔をして「うん分かった」と同意してくれることがほとんどです。

幼少期の子どもの主体性、協調性を育むにはこのようなアプローチが不可欠で、5歳くらいになれば子どもの世話にもだんだん手がかからなくなるというわけではなく、むしろ心理面の配慮に大忙しになっていきます。逆に3、4歳までの子どもは、大人が間に入って双方の言い分を伝えても話は平行線をたどるだけです。

とはいえ、自分とは違う考えや気持ちがあることを身体で感じさせることは重要なので、両者の言い分を伝える努力は欠かせません。5歳の子どもと違う点は、「解決を目的としない」ところです。両者の言い分を伝え合ったら、「そうだ、みんなで砂場に行って遊ばない？」と、話の流れを断ち切って別の魅力ある遊びに興味を向けさせます。すると、それまで意固地になってがっちり抱えていたボールをほうり投げ、別の面白そうな遊びに駆け出していくはずです。

先に、協調性を育む第一歩として一人遊びの重要性をお話ししましたが、子ども同士がもめごとを起こしたときに事後処理に強いのも、一人遊びを黙々と重ねてきた子どもです。

「もう、○○ちゃんとは絶対に遊ばない！」と一方の子どもが絶交宣言をすると、一人遊びが得意な子どもはお友達との関係に執着せず、さっさと一人で遊び始めます。ブロックであっと驚くような乗り物やお城をつくったり、鉄棒で回転したあと両手を離して逆立ちで着地したり、一人でも魅力的な遊びを次々と展開していきます。

そうなると周りの子どもたちが放っておきません。気がつけばさっきまで「二度と一緒に遊ばない」と怒っていた子どもも、「さっきはごめんね」といいながら近づいてきます。一人遊びを積み重ねてきた子どもは、お友達に依存せず気持ちの切り替えも早い、タフな心の持ち主なのです。

アクティブな協調性を育むために⑥

ケンカの仲裁にも技術が必要。
最後はみんなで楽しく過ごせるように。

COLUMN 3

勝つことだけがすべてじゃないことを学ぶ

大自然の法則は「負けそうな戦いは避ける」

「え〜、やりたくな〜い」

運動会の花形、リレー競争の練習をしようとする先生に対し、走るのが得意でない子どものなかには「やりたくない」と練習を渋る子が出てきます。そんなとき、「負けてもいいから頑張ろう」「参加することに意義がある」と、子どもたちを競争の場に引っ張りこもうとする先生がいらっしゃいます。しかし、果たして本当にそのようなことをしてよいものでしょうか。

大自然に生きる動物たちのドキュメンタリー番組を見ていると、ときに残酷な弱肉強食の世界を見せつけられます。そういうシーンから気づかされるのは、どんな動物でも自分が確実に負けそうな（殺されそうな）相手が近づいてきたら、一目散に逃げるのが本能だということです。ライオンが迫っていることを察知したシマウマは、すぐさま全速力で駆け出します。勇気を出してライオンに立ち向かったところで、まったく勝ち目がないことを本能的に分かっているからです。

ヒトも動物です。「負けてもいいから精一杯がんばることが大切」というアプローチは、子どもの（というより生物としての人間の）本能に、誤った情報を入力することにならないでしょうか。

「いやいや、子どもたちのリレー競走と、野生動物のような命をかけた戦いとは違いますよ」とたしなめられそうですが、幼児期の世界に「遊びと本気」「練習と本番」という区別はありません。

人間の脳で乳幼児期に最も発達するのは、大脳辺縁系だといわれています。「恐怖」「不安」などの感情を司る扁桃体がある場所で、この部分が早く発達することで、人は身の危険を察知していち早く逃れる術を身につけられます。そのように重要な場所が成長途上の只中に、「負けてもいいから頑張ることが大切」と一律に競争への参加を強制するのは、健全な発達を阻害する要因にならないでしょうか。

周りにすべて合わせず、どうすれば楽しくなるか？　を考えられる

私の園には同年齢の子どもたちに比べて、性格がマイペースで成長もゆっくりな女の子がいます。ある日、園の子どもたち全員で徒競走をすることになったとき。彼女は競走には最初から参加せず、「よーいドン」の合図をする役をみずから買って出ました。

別の日。室内でボールを的にぶつけて得点を競い合うゲームをしていたとき。その日も彼女は自分だけプレイヤーとして参加せず、みんなの得点を紙に書いて表示する役割を自分でつくり出し、それに徹しました。ゲームには参加せずともゲームを盛り上げ、みんなに貢献できる立場を（先生が調整することなく）みずからつくり出したのです。

人によっては、「一人だけ違うことをするのはかわいそうだから、みんなと同じようにやらせてあげたほうがよいのでは？」と思われるかもしれません。しかし、私も現場の先生方も、むしろ彼女がそのように動いてくれたことをとてもうれしく思いました。彼女のように、自分

が輝ける場所を自分で見つけられる能力を育むことこそ、まさに私の園で掲げてきた教育目標の一つだったからです。

個人差はありますが、男の子は5歳を過ぎると競争もののゲームが好きになります。ただ、競争もののゲームを楽しんでいるときに子どもたちが浸っている世界は、大人がイメージしている世界とは遥かに異なります。

たとえば、5対5で「警官チーム」と「泥棒チーム」に分かれたゲームを楽しんでいるようなとき、そこでは単純に勝ち負けを争っているのではありません。負けたチームが次こそ勝てるようにとルールの変更を申し入れたり、相手チームとメンバーを交換したり、スリリングな競り合いの状況をつくり、ゲーム全体が面白くなるように力を注いでいきます。

実際、欧米諸国が中心となっているスポーツは、自分たちに不利となればすぐにルール改正を提案し、何とか通そうとします。「負けてもいいから、がんばることが大切」という日本人的な発想が、日本の企業や官僚組織では無駄な残業につながっている部分も多いと感じます。

子どもが競争に負けて悔しがっていたら、それでもよかった点に気づかせてあげたり、「残念だったね。○○ちゃんはどんなゲームなら勝てるかな〜?」と共感してあげるほうが伸びるのです。

PART.4

6歳までにやっておきたい9つのこと

――大きな伸びしろをつくる

幼児期の教育プログラムは人生の「全体最適」で考えたい

子どもの知性や感性を伸ばすとされる教育プログラムには、さまざまな種類があります。音楽、絵画、造形、体操、文化……「あれも良さそう、これも良さそう」と、評判の良いプログラムにはついつい目を奪われます。

けれど、その結果として陥りやすいのが「部分最適」の罠です。プログラム一つひとつは優れていても、それが子どもの長い人生においてどのような意味を持つのか、つまり「全体最適」の視点で検討されていなければ、結局何のためにやっているのか分からなくなる瞬間が訪れます。

この章では「全体最適」の見地から、私の園で実践している9つのプログラムをご紹介いたします。学術的な発達理論の成果と現実の子どもたちの姿を照らし合わせながら、私が少しずつ整理してきた〝6歳までにやっておきたいこと〟のラインナップです。「自分をいちばん伸ばす方法は子どもたち自身が知っている」という発達援助の理論にもとづき、長い時間をかけて子どもたちと一緒に練り上げてきました。

取り立てて刺激的な内容は含まれていません。けれど、将来大きな伸びしろをつくるために欠かせない事柄ばかりです。

日本の歴史や文化、また最近の子育て事情も鑑みたうえで、なるべくご家庭でも取り入れやすいようにまとめてみました。各家庭でアレンジを加えながら実践されることをおすすめいたします。

1　とにかく「外遊び」をさせる

トップアスリートは一日に3時間以上外で遊んだ

ピアジェやモンテッソーリなど、発達理論の提唱者として知られる心理学者や教育家が共通して指摘しているのが、幼児期における「運動」の重要性です。幼児期の子どもは常に動くことを欲しており、何かに夢中になって集中しているとき以外は、いつでもどこでもタッタッタと動いていきます。

米国の医学者リチャード・E・スキャモンの「発育曲線」によると、人間の脳と神経の発達は、6歳頃までに成人の90％に達するのだといいます。ということは、脳が急成長するこの時期に、思考や言語の発達にも寄与する運動の時間が少ない子どもは、その「ハンディ」を一生背負うことになるおそれがあります。

ある保育専門雑誌に、「日本のトップアスリートは、そのスポーツを始めたのは中学・高校で、幼少時は一日3時間以上外で遊んでいた人が多いことが分かっている」と紹介されていま

スキャモンの「発育曲線」

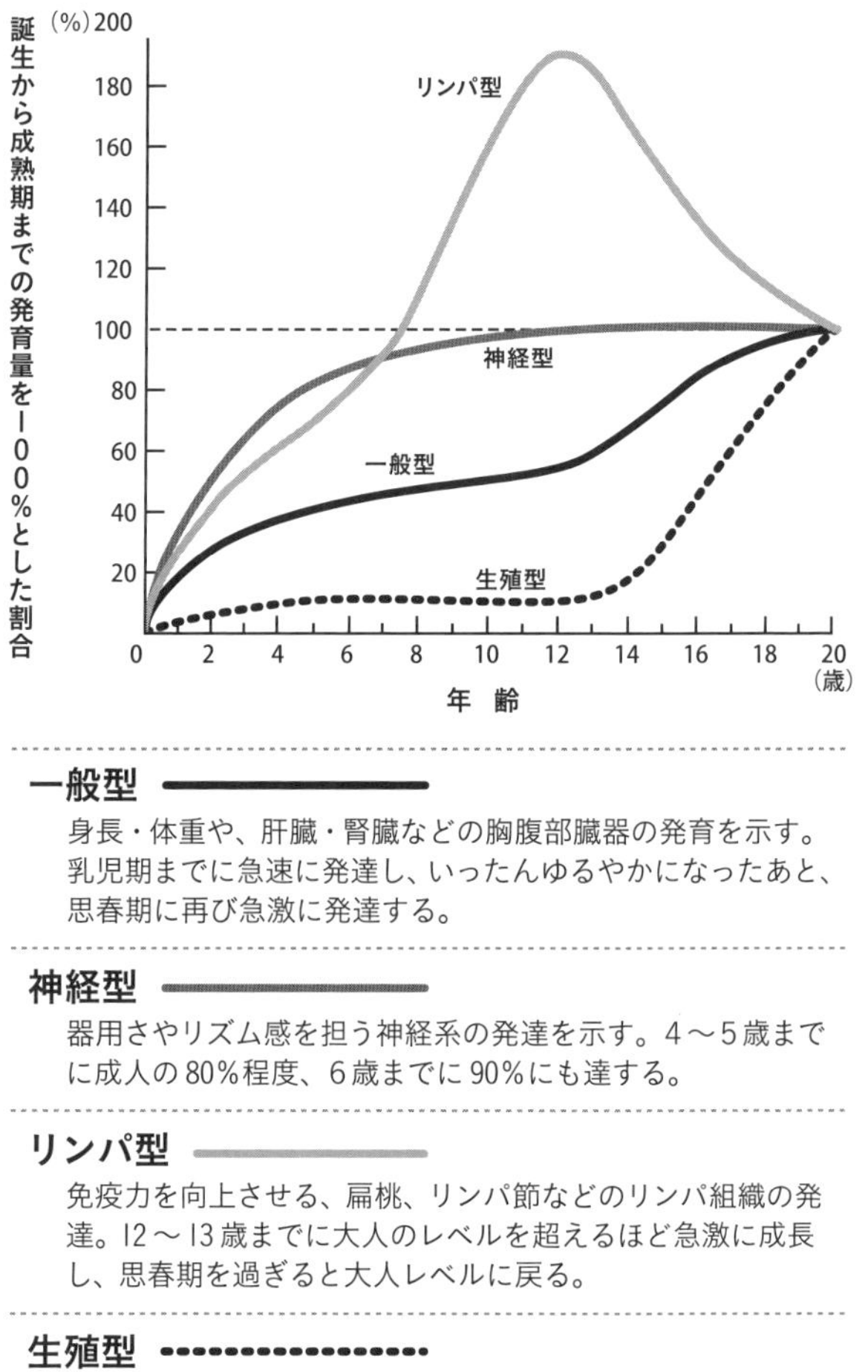

一般型

身長・体重や、肝臓・腎臓などの胸腹部臓器の発育を示す。乳児期までに急速に発達し、いったんゆるやかになったあと、思春期に再び急激に発達する。

神経型

器用さやリズム感を担う神経系の発達を示す。4～5歳までに成人の80%程度、6歳までに90%にも達する。

リンパ型

免疫力を向上させる、扁桃、リンパ節などのリンパ組織の発達。12～13歳までに大人のレベルを超えるほど急激に成長し、思春期を過ぎると大人レベルに戻る。

生殖型

男女それぞれの生殖器の発育を示す。14歳あたりから急激に発達し、性ホルモンの分泌も増える。

した（「保育ナビ」２０１４年2月号）。やはり、幼児期は外遊びなどの運動時間をたくさん取ることが、将来の成長においてたいへん重要になるようです。

それを踏まえたうえで、私の園のカリキュラムでは**「食育と運動（外遊び）が毎日の基本」**をモットーにしています。これを実現するために、行事の練習などのかたちや体裁を整えることを目的とした時間は、すべて削っています。また、一クラス15人程度の少人数制にしています。

少人数教育といえば、とかく知育面の教育効果ばかりが注目されますが、一クラスの人数が少なければ外遊びの前後にかかる準備の手間や時間が大幅に短縮できるため、多人数のクラスよりも格段に機動力が上がり、遊ぶ時間も増やせます。

日常的に訪れる2、3カ所の公園だけでなく、月に2、3回はバスや電車に乗って豊かな自然に囲まれた大きな公園、少し〝危険な〟自然遊具が揃っている広場にも遊びに行けます。**自然とのふれあいから豊かな感性がつちかわれたり、遊具への挑戦から身体の発達が促されたりするため、外遊びがもたらす効果は絶大です。**

「何もない園庭のほうが子どもの想像力を育てる」という意見もあります。私の園でもあえてそのような環境を選んで遊ぶときもありますが、常時そのような環境というのも、それはそれで不十分です。外遊びは第一に「量」ですが、「質」についても目的に応じてさまざまな選択肢があったほうがよいでしょう。

外で遊べば遊ぶほど、言いたいことが山ほどできる

外遊びの時間をたっぷり取って、さまざまな環境で遊びこめる習慣をつけると、刺激を受けた子どもたちの遊び方や思考には日に日に広がりが出てきます。

私の園に教育関係の先生方が見学にいらっしゃると、必ず壁に貼ってある5～6歳児の絵をごらんになって、「この園の子どもたちが描く絵は独特の面白さがありますね。どういう指導をされているのですか？」と尋ねられます。ほかの幼稚園・保育園から当園に移ってこられた先生方に聞いてみても、絵画や工作の表現力はそれまで勤務していた園の子どもたちよりもあきらかに生き生きとして力強さがあり、作品に対する子どもたち自身のエピソードも常に想像力の高い内容で驚かされるといわれます。

先生方自身も、それが外遊びに多くの時間を割いているからではないかと推察しているとのことでした。たくさん外に出て遊び、さまざまな経験を毎日のように積み重ねていれば、大人

でも話したいこと、表現したいことが山ほど出てくるはずです。

ノルウェーの保育園の先生にうかがった話ですが、ノルウェーやデンマークといった北欧の寒さが厳しい国々では、真冬は室内でじっとしているのかと思いきや、防寒具を着こんで元気に外遊びに出かけるのだそうです。「乳幼児のお昼寝はマイナス10度までは屋外でする」（！）のが基本だそうで、極寒のなかベビーカーで寝ている子どもたちの写真を見せていただいたときは心底驚かされました。それくらい、屋外での活動を重視しているのです。欧州全体の傾向としても、雨の日は雨具をつけて外遊びをさせるのが「常識」とのことでした。

外遊びは年齢を問わず、人間の活動を活発化させる原点といえるのではないでしょうか。

2 手指をしっかり動かす

お箸を正しく持たせる前に

お箸が上手に持てない子どもは、「親のしつけが悪い」といわれます。それを気にするあまり、〝真面目な〟親御さんはお箸の正しい持ち方を早く身につけさせようと必死になるようです。けれど、子どもの指先にお箸を操るに足る十分な力が備わっていないうちは、いくら厳しい訓練をしても芳しい効果は得られません。

集中力、落ち着き、言葉、情緒、社会性などは、手指を使ってしっかり遊んだ延長線上に現れます。122ページ「一人遊びの期間を完走させる」の項でもご紹介したとおり、一人遊びの起点になるのは「手指を動かす運動」です。また、幼児期のフロー体験には必ず手指を集中的に動かす作業がともないます。

お子さんに、物事に集中して取り組める時間が短い、いつも落ち着きがないといった傾向が見られるようなら、手指の動きがぎこちなくはないか確認してみてください。3歳頃になってもお絵描きや粘土にあまり興味を示さないようなら、そもそもクレヨンや粘土を握る力が足りないという理由も考えられます。その場合は、手指の動きを意識的に活発化させる取り組みが求められます。

逆に、手指をしっかり動かして遊んでいる子どもは、「言葉の成長が少し遅い」「ひっかき、かみつき」など幼児期初期に発達上の課題が多少見られた子どもでも、5歳を過ぎる頃になると自分が興味のあることをより発展させ、深められるようになります。紙飛行機の折り方を教えてもらったら、自分なりに改良を加えてもっとよく飛ぶように工夫したり、自分であやとりの本を見ながら難易度の高いものに次々と挑戦しようとしたり、「自学自習」ができるようになっていきます。

自学自習とは、自分で課題を発見し、自分の力で自分を伸ばしていく力を身につけることです。これは「内発性→フロー体験→自学自習」という発達の流れで進んでいきます。同時に、情緒も安定して人柄も穏やかになり、言葉の発達とともに認知力の向上も確認できるようになります。なにより笑顔が増えて表情が豊かになるのが、親御さんにとって最もうれしい変化でしょう。

手指の発達は人格も変える

私の園では工作的な活動をするとき、それが「表現」を目的としたものか、「手指の運動」を目的としたものか、はっきり分けておこなっています。

手指の運動がメインのときは、2、3歳児ならクレヨンでのこすり描きやぐるぐる描き、粘土、ボタン掛け、ビーズのひも通し、ハサミ、折り紙などが中心です。5歳を過ぎた子どもであれば、縫い刺し、カッター、ノコギリなど、少し危険なものを扱いながらより高いレベルの課題にも挑めるように援助していきます。

クレヨンを使って絵を描くときは、腕を大きく動かせるように床一面に1メートル四方の大きな紙を敷き、先生が「ぐるぐるペン～」と歌を歌いながら子どもたちを誘うときもあります。粘土のときは、手指の動きのレベルを見ながら、油粘土では固すぎる子どもにはテラコッタ粘土、小麦粉粘土、紙粘土などを使います。

折り紙のときは、あえて小さな紙を使って手指を細かく動かしながら小さな作品を折らせると、子どもたちは大喜びです。ハサミを使うときは、最初は紙を切っていくだけ。それから直線切り、曲線切りへと進んでいきます。新聞紙を丸めたり、ちぎったりするのも手指の運動に効果的です。木のおもちゃのように、手指がしっかり動かせるものもよいでしょう。

逆におすすめできないのが、タッチパネル式の電子機器です（幼児期から電子機器で遊ぶことが悪いという意味ではありません）。軽くタッチするだけで音が鳴ったりメロディが流れたりするようなおもちゃは、手指の動きを促す運動にはつながりません。

ところでお箸や鉛筆の持ち方ですが、私の園では5歳頃までは「フォークやスプーンをしっかりと持つ時期」と決めています。お箸に移行するのは、さまざまな活動を通じて手指にしっかり力が入るようになったのを確認してから。**幼児教育全体の成功は、4歳頃までに手指をしっかり使えるようになっていることがすべてのカギを握る**と考えているのです。

最近は、子育ての現場で働く先生や教員志望の学生のなかに、ぞうきんがうまく絞れない人が増えてきました。もはやそれほど驚かなくなった「現象」ですが、逆にいえば、それだけぞうきんが絞れない人が一般的になりつつあるということです。

しかし、身体の部位、ことさら手指の動きの「運動不足」は幼児期の発達全体に影響を及ぼすどころか、人格形成にも多大な影響を及ぼします。手指を思いどおりに動かせるように、6歳までにしっかり援助してあげてください。

お箸を正しく持たせるのは、そのあとからでも十分間に合います。

手指を細かく動かして蛇腹折りに

3 食べることにこだわる

知的欲求は食から広がる

前述のとおり、「食育と運動が毎日の基本」が私の園のモットーです。食に関する教育を重要視するのは、それが外遊びと同じように幼児期の身体形成、人格形成の土台になるためです。園では食育の一環として、食事の前に「調理の先生のお話を聞く時間」を設けています。そこでは、その日のメニューにまつわる季節や伝統文化、栄養やマナーに関する話が披露され、子どもたちが熱心に聞き入ります。この種の話は大人が期待する以上に子どもの興味をそそるようで、朝、登園したばかりの子どもたちが調理の先生を見つけると、「食事の前にする話、いま聞かせて」と急かしている様子が毎日のように見られます。

5～6歳ともなれば、「魚は血や骨になる」「小松菜のビタミンで風邪を予防する」など、食材と身体的作用の関係について味覚や食感を伴って把握できるようになります。私が子どもたちに教えられることもしばしばです。また、食を介したやり取りには季節感が自然と織り込まれるため、色彩が華やぎ、香りも広がります。

食べ物は、**五感に響く豊かなコミュニケーション能力の形成には打ってつけの「教材」**といえるでしょう。

数年前に卒園した男の子の親御さんが、

「うちの息子はいまでも、『お茶碗とお椀とおかずはこう並べるんだよ』『野菜は皮も食べると栄養にいいんだよ』『お豆腐やお味噌は大豆からできているんだよ』と、園で教えてもらったことを私に教えてくれます」

とうれしそうに話されたことがありました。また、別の卒園生の親御さんからは、「とくに教えているわけでもないのに、うちの子は小学校高学年になっても『健康的』な食べ物ばかりを好みます。加工食品や冷凍食品はなんとなく嫌がって食べません」といわれたこともありました。

幼少期（小学2年生くらいまで）の食育は、大人になってからの食の嗜好に直結します。おろそかにはできません。

「手づくり」は口ほどにものをいう

食育は園内の活動だけにとどまりません。ご家庭でもなるべく手づくりのものを食べさせることが子どもの成長に良い影響を与えます。「手づくりと親の愛情は直接関係ない」という意見もときどき耳にしますが、少なくとも以下の2点は、栄養以外の部分で大きなメリットをもたらしていることを私は感じています。

一つは、子どもへの「話題の提供」です。

ご家庭でつくっていただいたお弁当を持って遠足に行くと、**手づくりのお弁当を食べている子どもたちは例外なくよくしゃべります。**

「これは前からママに頼んでおいたカラ揚げで、こっちのおにぎりはキティちゃんの顔にしてっていったのに、なんかヘンな顔になってる」

など、先生にもお友達にもお弁当の話題が尽きません。遠足の日のお弁当をめぐって、親子でさまざまな会話が繰り広げられた数日間が目に浮かぶようです。

一方、引率の先生方の話では、出来合いのものを詰めただけのお弁当を食べている子どもはあまりお弁当の話をしないそうです。

夏野菜たっぷりのそうめんが主役

あんみつを自分たちで盛りつけて

ビビンバの厚揚げの照り焼き

豆腐ドーナツ

バイキングで子どもたちも大喜び

サバ、ひじき、味噌…和の食材を中心に

手づくりのものを食べるという行為は、それ自体が子どもにとって最高の食育です。身体で感じたこと、舌で味わったことがそのまま言葉となって出てくる、大人より格段に上の「身体感受性」をもつ幼児にとっては当然でしょう。お仕事などで忙しく、お弁当づくりに時間を割いている余裕がない親御さんもいらっしゃるでしょうが、せめて遠足のときくらいは手づくりのお弁当を持たせていただければと思います。

手づくりの料理がもたらすもう一つのメリットは、「コミュニケーションの深度」です。スーパーで買ってきた出来合いのお惣菜を食べさせたときは、「どう？　おいしい？」くらいの問いかけで終わる食卓も、自分が一生懸命つくった晩ごはんのときはそれだけで終わるはずがありません。

「今日の大根、いつもより柔らかく煮込んでみたけど柔らかすぎたかな。ショウガが少しだけ入っているけど、辛くないよね？」

などと、話の奥行きがぐんと広がるはずです。5〜6歳の子どもであれば、そこから産地や季節の話など新たな探究心や好奇心が呼び起こされることもあるでしょう。そうやって親子のコミュニケーションが段階的に深まっていきます。

もちろん、食事以外にもコミュニケーションの深め方はたくさんあります。しかし、子どもが身体の内側から繊細に感じとったものを言葉というかたちに変えて活発なやり取りを促すという意味では、食事を通じたコミュニケーション能力の開発は非常に有効な手段といえます。月並みではありますが、コミュニケーションの中心にあるのはいつも「心」です。心のこもった贈り物は、その強い気持ちが相手に必ず伝わります。手づくりの料理を通してそのような体験を数多く重ねてきた子どもには、必ずや健全な発達が約束されるはずです。

子どもに限った話かもしれませんが、やはり朝食はしっかり食べるべきです。

朝からグズグズしていたりイライラしている子どもは、ご家庭での過ごし方を聞いてみると、たいてい睡眠不足か朝食がしっかりとれていないかのどちらかに原因があります。朝食を食べてきた子どもでも、パンを軽くひとかじりしただけでは昼食までもちません。朝食をしっかり食べていない日は体温が十分上がりきらず、活動への意欲も湧いてきません。

忙しい朝に大変だとは承知していますが、朝食が充実している子どもは朝の挨拶も快活で、お友達との交流も活発なのがよく分かります。

朝の安定は、快適な一日への第一歩。手づくりの朝食をたくさん食べられる環境が整えられれば完璧です。

4 「原体験」はできるだけたくさん

なぜ「ある日突然」が起こるのか？

子どもの興味や能力は、いつどこで花開くか分かりません。それまで何の興味も示さなかったことに、ある日突然のめり込んでいく姿は私の園でもよく見られます。

お絵描きの時間はいつもぼんやりして、つまらなそうに過ごしていた男の子が、マーブリング（水面に絵の具を垂らしてできる複雑な模様を紙に写し取る技法）やデカルコマニー（紙と紙の間に絵の具を挟んで押すことで偶発的な模様をつくる技法）に触れたとたん、絵の具に対する興味が俄然湧き上がり、それ以来絵の具を使った表現に夢中になったことがありました。

体操の時間はあまり積極的に参加したがらなかった女の子が、公園の鉄棒や登り棒で遊んでいるうちに、誰よりも早く逆上がりができるようになって大きな自信を得たこともありました。

ピアニカには全然興味がないのに、打楽器を使わせると全身が生き生きとし始め、独特のリズムで場を盛り上げるようになった男の子もいました。在園中、ボール運動にはまったく興味を示さなかったのに、小学校高学年になってサッカーの魅力に取りつかれ、いまや海外のサッカーチームで主力選手として活躍している男の子もいます。

このような子どもたちの姿を幾度となく見て思うのは、子どもの得意・不得意は誰にも分からないということです。大人にできるのは「たくさんの場を与えること」くらいしかありません。

そして、子どもが我を忘れてのめり込むほどの対象を見つけたら、「時間を忘れるほどの没頭力」や「執念深いほど努力できる習慣」を身につけられる環境を整えてやるのが、われわれ大人の役目です。

子どもの「後伸びする力」は、何事も吸収が早い幼児期に幅広い体験をさせておき、それらの体験の相互作用によって生まれるといわれています。運動面についても、「動きの多様化の習得については、限られた単一のスポーツを経験させるより、幼児期に遊びを通して様々な種類の動きを経験することが大事であり、10歳までが効率的に身につけられる時期」とされています（「保育ナビ」2014年2月号より）。

つまり、同じことを繰り返し練習させるような教育ではなく、違う種類のものをたくさん経験させる教育のほうが、子どもの将来に良い影響を与えるということです。

「早くから専門的な指導を受けさせたほうがよいのではないか」「なにか一つでも得意なものを持たせてやりたい」。かつて私もそのように考えていたことがあります。しかし、本当に得意なものは、幼児期の子どもがまだ知らない世界にあることがほとんどです。もう少し大きくなったときに初めて出くわして発見するものです。

たくさんの原体験は、そのための準備作業と位置づけられます。

大人の共感も大切

幼児期における発達の原理原則の一つに「相互関連性」があります。子どもの運動能力、知的能力、社会性などはそれぞれ独立して発達するのではなく、相互に関連し合いながら発達していくことをいいます。

子どもたちを見ていると、外遊びのときに感じた花々の美しさ、給食のメニューから感じた美味しそうな匂いを、音楽の時間の自己表現につなげていったり、毎朝歌っている季節の歌のイメージを絵画の風景に織り込んでいったり、じつにさまざまな要素が重なり合って一つの表現に昇華しているのがよく分かります。ご家庭でも同じではないでしょうか？

だからこそ、どんな分野の活動でも「やらなくてよい」ものなど一つもありません。個人個人で興味を持つきっかけや習熟度に差があるため、大人から見て「興味がなさそうだから」という理由で取り上げてしまうのは、将来相互に関連するかもしれない大事なパーツを欠落させるおそれがあります。

では、体験の場をひたすら与えてやれば、子どもは勝手に伸びてくれるのでしょうか。それもちょっと違います。子どもの知的好奇心は、大人との応答によって大きく育まれていく側面があるからです。3歳くらいまでの子どもは、自分が不思議に感じたことについては相手構わず「なんで？　なんで？」と問いかけてきますが、5～6歳になると自分の問いかけに共感してくれそうな相手にしか「なんで？」といわなくなります。

これは大人も同じでしょう。会社の上司にしろ同僚にしろ、自分の疑問や興味にしっかり応答してくれる人がいれば、そこから新たな思考や発見が広がっていきます。逆に、適当にあいづちを打つ人しかいなければ、それ以上何も広がっていきません。**周りに共感や受容のない環境では、興味の範囲が広がりも深まりもしないのです。**

幼児期も後期になれば、子どもだけで遊ばせたほうが社会性も身につくし、親離れもできると考える人がいらっしゃるかもしれません。しかし、子どもの「原体験」は、むしろ大人との関わりも含めた体験によって刻みこまれていきます。

私の園の年長さんは、子どもどうしでさまざまな提案をさせたり話し合いで決めさせたりする場面でも必ず先生が関わるようにしていますが、それは応答的な対話を重視しているためです。

もちろん、一般的な幼稚園・保育園の人数ではそのようなやり取りにも限界があるでしょう。その「穴」はご家庭で埋めることができます。

子どもに対する共感や受容の相手は誰にでも可能なので、お父さんやおじいちゃんでも十分務まります。ご家庭でもぜひ、応答的な対話を意識的に増やしていただければと思います。

全身を使った原体験が子どもを伸ばす

5 「余白」は決して削らない

意欲が育まれる自由な時間

小さな頃からさまざまな体験をさせるのは重要ですが、それと同時に覚えておきたいのは、スケジュール全体のなかに「余白」をつくる重要性です。

ここでいう余白とは、子どもがのんびりと自分に向き合える時間や環境のことです。自由時間といってもよさそうですが、自由という言葉には「休憩の時間」「とくに意味のない時間」というイメージもあるため、私はあえて余白という言葉を使っています。

82ページで、「すべての傑作は自由な時間に生まれる」ことについて述べました。子どもの内発性や創造性を育むフロー体験を誘発するのは、時間的、環境的な余白があってこそです。幼少期にのんびりとした環境のなかで何かに没頭する時間を十分もち得た子どもは、何事にも意欲的に取り組める大人に成長していきます。

とはいえ、子どもの毎日に余白を確保するのは、案外かんたんなことではありません。

私の園でも日々さまざまな活動が目白押しで、少し気を緩めると余白はすぐに真っ黒に塗りつぶされてしまいます。だからこそ、余白の確保には意識的になる必要があるのです。

もし、大事な余白が削り取られてしまうと、それまで子どもたちが「楽しい」「面白い」と笑いながら行っていた活動も、一転、やりたくないと拒否されたり主体性をなくされたりするおそれがあります。**一日のスケジュールにも、一週間のスケジュールにも、一年のスケジュールにも、余白は必ず設けるようにしてください。**

教材と習い事は遅めに始めるくらいがいい

子どもの余白を削り取る二大要因が、「教材」と「習い事」です。

昨今は、書店やおもちゃ売場に行けば知育教材や知育玩具であふれ返り、郵便受けをのぞけば早期教育の教材や教室案内などのダイレクトメールが山のように届きます。周りのお友達が英会話教室に通い始めたと聞けば、「うちの子も通わせたほうがよいのかしら」と、子育てに熱心な人ほどあれこれ悩み始めます。

たしかに、近頃の知育教材や幼児教室のカリキュラムは内容が十分練られたものも多く、子どもが楽しく学べる工夫がたくさん詰まっています。それらを否定するつもりはありませんが、ここでも気にかけておきたいのはやはり余白の確保です。

私の園でもときどきありますが、それまで表現力にあふれた個性的な絵を描いていた子どもが、幼児教室に通い始めたとたん、急に線に勢いがなくなったり絵を描くこと自体が嫌いになったりする例があります。おそらく、お手本を見せられて理想的な構図を示されたり、テーマを与えられ自由を制限されたりしたことへの拒否反応でしょう。

また、最初は楽しいといいながら通い始めた幼児教室でも、2カ月くらい経つと「もう行きたくない」と〝登校拒否〟をする子どももいます。小さな子どもでも興味を持てるようにつくられたプリント学習は、最初のうちはもの珍しくてやっていて楽しいですが、頭のなかだけで処理していく内容が続いていくと、身体の発達や意欲の強さがそこまで追いつかず、しだいについていけなくなる子どもも出てきます。

日々のスケジュールにもう少し余白を取っていてあげれば、そのようなネガティブな反応が出てこなかったということも多々あります。

私の経験では、**教材や習い事はちょっと遅いくらいの時期から始めた子どものほうが、意欲や主体性が持続して長続きするようです。**子どもの一般的な発達段階に重ね合わせてみると、最近は習い事を始めさせる時期が概して早すぎる傾向にあるといえます。

プールを楽しくする方法

子どもの発達段階に合わせて意欲や主体性がうまく育まれた例もあります。

昨年より夏の間、地元のスポーツクラブにご協力いただき、プールでの活動を2カ月間断続的に行ったときのことです。その活動は「子どもたちが泳げるようになるための水泳教室」ではなく人格形成の一環として、子どもたち一人ひとりが目標を設定し達成していく力を育むことを目的にさせてもらいました。そこでコーチの先生方が、子どもたちが遊びながらチャレンジできる環境を考え、整えてくれました。

たくさんのボールが浮いている場所までボールを取りに行くゲーム、プールの底に沈んでいるカードを潜って取りに行くゲーム、プールのなかに沈んでいる台から台へ飛び移るゲームなど、プールを「レジャーランド」に見立て一般的な水泳教室とはまったく違うアプローチをとってくれたのです。すると、水に顔をつけるのが怖い6歳の男の子が、プールの底に沈んでいるカードを足の指で器用に挟んで拾い集めて一躍プールの人気者になるなど、予想外の盛り上がりを見せる場面が何度もありました。もともと泳ぎが得意な子どもも、遊んでいるうちに泳げる距離が延びたり新しい泳ぎ方を身につけたりして、園児全員が自分の意思で楽しみながら各々の新しい可能性を発見した2カ月間となりました。

やはり大切なのは、子どもの内から湧き上がる意欲や主体性です。幼児教室や習い事を始めるときは、常にスケジュールの余白を意識しながら、内側からの意欲を育む時間にも十分配慮していただければと思います。

かつて保護者を対象にしたアンケートで、「現在の園のカリキュラムで削ってもよいと思うものは何ですか？」の第1位が「自由時間」でした。しかし、子どもたちが自分の殻を破り、新たな可能性に出会い、自信を得て一回りも二回りも成長していくためには、何よりも余白の確保が必要であると訴え続けた結果、いまは保護者の多くがその重要性に理解を示してくれるようになっています。

なんでもいいから早く花を咲かせたいのか、遅くてもいいから美しい花を長く咲かせたいのか——私なら後者を選びます。そのために必要になるのが、十分な余白なのです。

6 親が「捨てるもの」を決める

あれもこれもやらせると嫌いになる

数年前の卒園式でのこと、ある親御さんにこんなことをいわれてずいぶん恐縮しました。

「私がこの園でいちばん学んだのは、『引き算』の大切さでした」

その方に直接そういう表現でアドバイスをした覚えはなかったので、もしかしたら懇談会の席などで無意識にそういう話をしていたのかもしれません。「教材や習い事などで日々のスケジュールがいっぱいになって子どもの意欲や主体性が萎えることのないように、余白の確保にも気を使いましょう」という話は常にしていますが、その親御さんはそこから「引き算の大切さ」に思い至り、それまで続けていた複数の習い事を整理して、文化系の習い事一本に絞り込まれたのだそうです。たくさんの習い事から「捨てるもの」を決めることで、余白を確保されたわけです。

子どもに習い事をさせると、一度は「やめたい」といい出します。そういわれた親は、「せっかく始めたのだから、もう少しがんばりなさい」と安易に励ましてしまいますが、「やめたい」といわれたタイミングでいったん立ち止まり、落ち着いて考えてみるのも悪くありません。

ほかにもやることが多すぎて子どもが疲れていたり、何事にも意欲的でなかったりするときは、無理に通わせても成果は上がりません。それどころか、「二度とやりたくない」と悪い印象だけが残ってしまいます。

一度やめると「やめ癖」がつく?

以前、他の園の保護者を対象にした講演会でこんな質問を受けました。

「子どもを英会話教室に通わせているのですが、『英語が嫌いになったので行きたくない』といって困っています。ここでやめさせると、それがトラウマになりそうで……。どうすればよいでしょうか?」

同じような悩みをもたれている親御さんは多いようです。そのお母さんはトラウマ(心的外傷）という言葉を使われましたが、もう少し平たくいえば、「習い事をやめると子どもが挫折感を味わうのではないか」「やめ癖がついて、嫌なことからすぐ逃げ出すような性格になるのではないか」といった心配があるのでしょう。

しかし結論からいえば、**習い事をやめるという決断が子どもの発達に悪影響を及ぼすという話は聞いたことがありません。**過去にそういう例があったかもしれませんが、少なくとも私の知るかぎり、行きたくもない習い事に無理やり通わせられるほうが子どもの発達にとってよほど悪影響を及ぼします。

ブレーキを踏んでいるクルマを無理やり動かせば、ギーギーと不快な音が漏れて故障の原因が増えるだけです。子ども自身の本能でそこが自分の輝ける場所でないと察知したのなら、親はその本能にしたがい、「やめる」という決断を後押ししてもよいのではないでしょうか。

「捨てるもの」を決めるのは、むしろ前向きな選択です。

それは、習い事の数を減らすという意味にとどまりません。スケジュールに余白を確保するために「今日は何をしないか」と一日単位で決めることも、捨てるものを決めることです。

一日のスケジュールに余白を確保するために、「今週は習い事で忙しい」という親御さんに、「園をお休みしたり、早退されたりしてよいですよ」とおすすめしたことがありました。園での時間を「捨てる」ように促したのです。

本末転倒ではないかといわれそうですが、園と習い事の両方で一日のスケジュールをパンパンにするくらいなら、いっそ園のほうを休んだり、時間を短くしたりして余白をつくってあげたほうが、よほど子どものためになります。そのうえで、「スケジュールがスカスカで物足りない」というのであれば、そこから習い事を本格的に検討すればよいと思います。

まずは余白、それから習い事という順番です。

「レディネス」は熟しているか？

発達には個人差だけでなく順序があるので「レディネス」(readiness) が整っていないかぎり、効果がないだけでなく意欲を損ねて逆効果になってしまうこともあります。

レディネスとは心理学用語ですが、「心身の機能がある行動や知識を習得できる段階まで発達し、学ぶ準備が整う状態」を示します。

たとえば、手指に基本的な力が備わっていないのに鉛筆を持たせて迷路に線を引かせようとしても上手く引けません。親は何回もやらせればうまくなると思って一生懸命すすめますが、子どもはやがて嫌になってしまい、放り出してしまいます。また、図形の書き方を教えようとしても、生活の中で丸いものや四角いものなどを自然と知覚するような体験がなければ、書こうという意欲が湧いてきません。発達段階というものを理解して、ピタッと合ったものを子どもの目の前にもってくることで、初めて意味のあるものとして成長につながります。

往々にして日本では、教育熱心といわれる親ほど先回りしてしまいます。

こういう場合は子ども自身が「これ、やりたい！」といったとしても、レディネスが整っていない中途半端な意欲でスタートしているため、長続きせず、途中で飽きてしまいます。それでも親は「せっかくここまでやったのだから」とあきらめないのですが、こうなったらもう早くやめて出直したほうがよいものです。

7 違う年齢同士で交流させる

下の子は上の子の真似をして学ぶ

私の園の特徴の一つは、3～6歳の子どもたちが同じクラスルームで一緒に過ごす「異年齢合同環境」です。「にじ」「そら」「うさぎ」など年齢別グループ名はありますが、物事の習熟度によっては、年齢を飛び越えてグループを行き来させています。

自由時間や外遊びの時間、食事の時間は基本的に異年齢合同です。運動会やお遊戯会といった年間行事で異年齢の交流を取り入れている園は多いと思いますが、一年を通じて交流するシステムは、一時的な交流では得られない高い教育効果があることを実感しています。

自分の小さな頃を思い出してもそうですが、子どもというのはいつの時代も先輩のすることにあこがれ、興味をもちます。私たちは教えられて学ぶより、真似をしながら学ぶほうが得意ですし成果も上がります。

「自分もああなりたい」というモデルケースがあれば、おのずと内発性も刺激されて、強い意欲が湧いてくるでしょう。ひいてはそれが、子どもたちがさまざまな課題へ挑戦する際のハードルを下げる効果をもたらします。

年長さんのなかに、先生が教えていないことを突然やり始める子どもが現れるのは毎年おなじみの光景です。縄跳びでいきなり二重跳びを始めてみたり、造形で大人顔負けの精巧な立体物をつくってみたり。「それ、どこで教わったの？」と尋ねると、前の年に卒園した子どもの名前をあげて「去年、○○ちゃんがやっていた」と返されるのが定番です。一年前まではいろいろなことが成長の途上で、上の子と同じようにやりたくてもできなかったことが、今では簡単にできるようになったというわけです。

同じように、「去年、○○くんが弾いていた難しい曲を自分も弾いてみたい」「去年、○○ちゃんがつくっていたものを私もつくってみたい」と、上の子がしていた難易度の高い課題にチャレンジさせてほしいと願い出る年長さんも、毎年のように現れます。

「お兄ちゃん、お姉ちゃんができていたのだから自分にもできるはず」と考えるのは自然な流れです。間近で成功例を見ていたおかげで、自分にもできそうなイメージが鮮明に湧いてくるのです。

上の子は下の子に真似をされて喜ぶ

年上の子の真似をしたいという強い動機は、ベテランの先生方の指導力をも陵駕（りょうが）します。

ある夏、スイカ割りをするために子どもに目隠しをしようとすると、怖がって泣き始めた子どもがいました。先生がお手本を見せて「全然怖くないよ」とアピールしても、目の前が真っ暗になる恐怖からはなかなか逃れられません。ところが、目隠しをした年上の子がスイカを割って盛り上がっている姿を見たとたん、さっきまでの恐怖心はどこへやら、「自分も、自分も」と、スイカ割りの剣士に名乗りを上げる子どもが続出しました。

プールの時間も同様です。顔を水につけることを怖がる子どもに年上の子が近づいていき、「ねぇ、○○ちゃん、こうやってやると大丈夫なんだよ」とお手本を見せてあげると、ほどなく下の子もすーっと水面に顔を近づけていきます。先生がどのような方法でアプローチしても固く閉ざされていた扉が、いとも簡単に開いていくのです。まさに、「年上の子の力」です。

これが同年齢どうしのやり取りであれば、子どもとはいえプライドがあるので、お友達のアドバイスを素直に受け入れられない子どももいます。しかし年齢に上下があれば、プライドが邪魔をすることもありません。

逆に、アドバイスをしてあげる側の子どもも、**相手の年齢が自分より下ならば、教えることに抵抗を感じない**ようです。同年齢の子どもには「真似しないで！」と牽制（けんせい）する子も、年下の子には真似をされて怒るどころか、真似をされたことでちょっとした優越感に浸ります。自分が夢中になっている遊びが異年齢のコミュニティ全体に広がっていくのは誇らしいことですし、年下の子たちもそういう先輩の様子を見て、さらにあこがれを強くしていきます。仲間意識も芽生え、異年齢間の団結力も高まります。

認知心理学の生みの親の一人、米国の心理学者J・S・ブルーナーは、「学習とは学習のしかたを学習すること」という興味深い言葉を『教育の過程』のなかで投げかけています。

「異年齢効果」が心の傷を癒す

5～6歳は、微妙な年頃です。お友達との間にライバル意識のようなものが芽生え、勝負事のゲームで負けたりするとひどく落ち込んでしまう子どももいます。そんなとき、年下の子どもたちと同じ時間を過ごし、慕われる存在としての自分の姿に気がつくと、傷ついた心に平常心や自尊心が取り戻されます。同年齢のお友達と遊んでギクシャクしたときは、意識的に年下のお友達と遊んで気分を切り替え、再び同年齢のお友達のところに戻ってうまくやっている子どもの姿がよく見られます。**自分が年下の子どもたちのあこがれの対象であるという自覚は、それくらい子どもの心を修復する力を持っているのです。**

それはまた、年長さんに「自分たちが組織のリーダーだ」という意識を自然と芽生えさせる原動力にもなります。駄々をこねて先生を困らせている年長さんがいれば、年下の子どもが「ねえ、にじさん（年長グループの名前）でしょ。しっかりしないとダメだよ」とお尻をたたく微笑ましい光景も見られます。

私の園を卒園した子どもたちは、課外学習などで異年齢合同の活動があると、上の子とも下の子ともすぐに打ち解けられる傾向にあるようだと保護者の方にうかがったことがありました。小さな頃に身につけたこのようなコミュニケーション能力は、大人の社会でも必ず威力を発揮します。

私が幼少の頃は、家庭内はもちろん、地域社会においても年齢の違う子どもどうしの結びつきが強くありました。一人っ子でも外に出れば遊んでくれる誰かがいて、異年齢の集団は当たり前のように存在していました。そういう幼少期を過ごされた経験がある方は、おそらく私の話をご理解いただけたのではないかと思います。

8 「ごっこ遊び」は社会の縮図

想像力と交渉力

幼児期の「ごっこ遊び」を否定される方はいらっしゃらないでしょう。しかし、それが子どもの発達にどのような影響を及ぼしているかは意外と知られていません（かくいう私もそうでした）。

保育関係の教科書や論文は、ごっこ遊びの意義を「他者理解」や「役割取得」といった専門用語で解説しています。これにより、子どもの想像力や協調性が育まれるのだといいます。

たしかにそのとおりですが、長年ビジネスの現場にいた人間からひと言つけ加えさせていただくなら、ごっこ遊びのなかにはビジネスの最前線で求められる「イメージの共有力」や「アイデア交換の交渉力」を鍛える要素がふんだんに盛り込まれています。

ごっこ遊びに参加する子どもどうしが対等にかかわり、リーダーシップを磨く経験を積み重ねていけば、将来的に豊かなコミュニケーション能力をたたえた人材に育っていくに違いありません。

コミュニケーション能力とは、たんに相手と言葉のやり取りをする能力をいうのではありません。極端にいえば、言葉が少なくても（むしろ少ないほうが）濃密なコミュニケーションが図れるときもあります。**コミュニケーションの本質は言葉ではなく、「想像力」や「交渉力」のほうにあるのです。**

子どもたちのごっこ遊びを見ていると、驚くほど豊かにイマジネーションを共有し合い、常に新しい発想を追加したり入れ替えたりしている姿に驚かされます。女の子は想像の世界を現実に近づけようとしたり、現実の世界を再現しようとしたりする遊び方、男の子は想像の世界をさらに発展させていくような遊び方が多いですが、いずれにしろお友達の一人が、「この船、土の中にもぐっていくよー」と叫んだ瞬間、ほかの子たちは即座に「土のなかにもぐっていく船」のイメージを共有しないと、「ごっこ遊び」の世界から取り残されます。

そして、各人のイメージが共有され、さまざまな交渉事が始まり、互いの想像力を利用しながらごっこ遊びのレベルは高まっていきます。子どもにとってはのんびりとした遊びというより、かなりタフな世界です。

ごっこ遊びとは、エンパワーメント（力をつけること）の鍛錬の場である。

これが私の持論です。

「ごっこ遊び」は子ども社会の「会議」でもある

日本の企業や団体の会議に参加すると、「そうですね〜」「たしかに〜」といった共感的なおしゃべりが延々と続くことがあります。同じことをごっこ遊びでしていたらどうなるでしょうか。

「そうですね〜」の人は、すぐさま「ごっこ」の世界から脱落します。いま、この場から何かを生み出そうという攻めの会議では、他者の考えや感情に共感しているだけでは何も生まれません。小さな子どもたちが「もしもこんな世界があったら」と空想をもとに新しい世界をつくり出すように、想像をつなぎ合わせて新しい世界を広げていくような会議こそ、イノベーティブな発想が生み出される場になります。「子どものごっこ遊びと大人の会議を同一視されても……」と思われるかもしれませんが、**幼児期の「会議」ともいうべきごっこ遊びにこそ、大人になってから必要とされる能力のすべてが包含されている**ように私には思えてなりません。

ごっこ遊びは、真剣な会議そのもの

教科書的には、ごっこ遊びに夢中になれるのは、おおむね4～7歳くらいまでといわれています。スキャモンの発育曲線（167ページ）によれば、脳と神経の発達は6歳ごろまでに成人の90％に達するわけですから、ごっこ遊びに夢中になれる時期は、子どもの発達にとっても非常に重要な時期と重なります。

親御さんのなかには、6歳くらいになると「ごっこ遊びなんかしている暇があったら……」と小言をいいたくなる方もいらっしゃるようですが、ごっこ遊びはこの時期にしかできない貴重な経験です。大きくなってから無理やりやらせるわけにもいきません。

「いま、うちの子は将来の交渉力を磨いている最中なのだな」という気持ちで温かく見守ってください。

9 伝統文化に触れさせる

大人になってからの武器を授ける

これからの時代は好むと好まざるとにかかわらず、日本以外の国の人たちと関わる機会がいま以上に増えていきます。そのとき、「日本人なのに日本のことをまるで知らない」という状態にならないように、私の園では茶道、日本舞踊、書道など日本の伝統文化に親しむ環境を定期的に設けています。

スティーブ・ジョブズをはじめ、海外でも多くの人が傾倒している「禅」、ユネスコ無形文化遺産に登録された「和食」など、日本独自の自然を敬う精神性や伝統的な習慣は海外でも高く評価されています。にもかかわらず、海外の人から禅や和食について質問されても、何も答えられない日本人はたくさんいます。自国の歴史や文化に疎い人は、相手に「底の浅い人」という印象を与えがちです。私もそれで何度も苦い思いをしてきました。

日本の文化や歴史を知識として学ぶのなら、大人になってからでも十分間に合います。しかし、日本独自の感性や品性の世界を身体感覚に刻みこむなら、若い時期のほうが圧倒的に有利です。自国に根ざした精神性や美意識を身体感覚として有していると、それが大人になってからの「武器」になります。「芸は身を助く」ではありませんが、幼い頃から日本の伝統文化がインプットされている人は、思わぬところでその経験が自分を助けてくれるはずです。

茶道がもたらす季節感

茶道、日本舞踊、書道の、それぞれのカリキュラムについて内容を簡単に記しておきます。

茶道の日は、先生を園に招くのではなく、先生の茶室に子どもたちが足を運びます。朝から「今日はお茶を飲みに行くんだ」と、まるでカフェにケーキでも食べに行くかのように子どもたちはワクワクしています。

作法を学ぶのが目的ではありません。季節感、美意識にあふれた茶室という「ファンタジーな空間」に身を置くことが目的です。茶道具から掛け軸、室内の置き物、先生の着物、供されるお菓子に至るまで、季節ごとにすべて違う茶室という空間は、訪れるたびに別世界の感覚を味わわせてくれます。その一つひとつを子どもたちが克明に覚えていることに、私はいつも驚かされます。「お正月には花びら餅が出たね」「鶴と亀もあったよ。長生きするからだったよね」「5月は着物にアヤメが描いてあったよ」など。季節、自然、縁起物などが、絵やイメージを通して、また舌を通して、子どもたち一人ひとりに伝わっていきます。

ある親御さんから、「家族旅行で訪れた先で茶道体験をしたとき、まごまごしている私たちを横目に、息子は堂々とお碗を回していました」といわれ、そのときの様子が目に浮かぶようでした。作法が目的ではないといいながら、子どものたちの作法はじつに堂々としたものです。12月になると、茶室にはクリスマスの飾りつけがされます。「茶道はもともと中国や西洋のものなど、その時代の最先端をうまく取り入れてきた『新しもの好き』の文化でもあるのです」という先生の言葉には、まさにグローバル教育に通ずる部分を感じました。

「ひねる」「ねじる」動作を身につける

日本舞踊に親しむ日は、子どもたちは浴衣か甚平を着て登園します。お招きした先生の踊りを鑑賞したり、先生と一緒に踊ったり、「古典遊び」（座り方、立ち方、歩き方などの作法を真似したり、扇子（せんす）を何かに見立てる遊び）をしたりして楽しみます。肌触りや風通しのよい浴衣や甚平は男女問わず着心地が良いらしく、外遊びに行くために普段着に着替えた子どもが、園に帰るなり再び甚平に着替えたり、お昼寝明けにパジャマを脱いだら普段着ではなく浴衣のほうに着替えようとする3歳児がいたり、子どもの感性はじつに正直です。自分にとって本当に良いものは身体感覚で見分けます。そうした感性が浴衣や甚平で研ぎ澄まされるのも、日本舞踊の時間の良いところかもしれません。

園での活動をきっかけに、本格的に日本舞踊を習い始めた子もいました。親御さんの話では、いちばんの収穫は「**ひねる、ねじるという動作が身につけられたこと**」だそうです。

最近の生活環境は、子どもたちからひねる、ねじるという動作を奪っていて、それができない子どもも増えています。たしかに、ひねる、ねじるという動きが入る遊びは子どもどうしがぶつかることも多いため、「危ないからダメ！」と止めに入ることが多いかもしれません。そこで失われたものを、日本舞踊が補ってくれるのです。

書道で心を落ち着かせる

「墨の香りには、心を落ち着かせるアロマ効果もあります」とは、書道の先生の言葉です。正

体験したことしか、人に説明できない

座をして筆を手に取ると、それまで騒がしかった子どもも自然と背筋を伸ばし、呼吸を整えます。まだ文字というものを知らない2歳の子どもでも、絵の具と墨の違いは分かるようで、「とめ」「はらい」などの動きを真剣な目つきで真似します。書道の先生の話では、最近は海外で仕事をする機会の多い日本人が、「何か一つでもよいから日本的なものを身につけたい」と、書道を習い始めることも多いそうです。

そのほか、ひな祭りの時期に保護者を招き、親子で「はないちもんめ」を楽しんだこともありました。その日の給食は「ちらし寿司」、おやつは「桜餅」。一日中桃色に彩られた日になりました。

桜の季節に箏（そう）の演奏会で「さくらさくら」を聴いたこともあります。そのあとで子どもたちが思い思いに描いた「桜」は、いつにも増して豊かな感性を感じさせるものでした。

子どもたちは見たもの、聞いたもの、触れたもの、味わったものをすべてつなげて考えます。日本の伝統文化に触れさせることは、そうした五感の感受性を豊かにする格好のトレーニングになっているともいえそうです。

COLUMN 4

本当は難しい、和食中心のメニュー

給食に「和食」を出しづらい理由

2013年、「和食」がユネスコ無形文化遺産に登録されました。

食育を重視している私の園ですが、なかでも和食に対しては強いこだわりがあります。いわゆる白米ではなく、五分搗きのお米や雑穀を使ったり、一般的な味噌に5年醸造物の味噌を混ぜたり、みりんは自然醸造のものにするなど、「日本の伝統と自然の知恵から成る食育」を献立のベースにしています。それだけにユネスコ無形文化遺産への登録はとてもうれしいニュースでした。

ただ、幼稚園・保育園や小学校といった公的な機関では、給食に和食を出すのは予想以上に大きな困難を伴います。学校給食法で定められている栄養などの「摂取基準」を、和食中心の献立だけでクリアしていくのは非常に難しいのです。

たとえば主菜を「魚」にすると、どんなに量を増やしても、カロリーとたんぱく質の基準量を満たせません。しかたなく、おかしな組み合わせになるのを分かっていながら、そこに牛乳をプラスします。主菜を「煮もの」にした日はもっと大変で、牛乳だけでは間に合わず、主食か副菜に油かバターがたっぷり入ったギトギトなメニュー（揚げパンやチーズ入りの揚げ物など）を加えます。

つまり、栄養の基準を満たすには「肉＋牛乳」か「魚＋牛乳＋多量の油」が最低条件となり、和食の美点である「動物性油脂の少なさ」や「地域に根ざした多様な食材」などが跡形もなく消え去っていくのです。

私は悩みました。

ほかの園でも摂取基準どおりの献立が採用されているか調べたところ、玄米食や自然食などを推進している園では、必ずしもこの基準を遵守していないことが分かりました。そこで栄養士の先生と相談し、摂取基準の数値は参考にはするけれど絶対条件にはしないことで、和食が無理なく出せる献立を考えていきました。親御さんには私たちの考えを説明し、試食会で実際の献立を召し上がっていただくなど、独りよがりな食育にならないように配慮してきました。

その結果、それまで残すことが多かった子どもが最後まで食べきれるようになったり、野菜嫌いだった子どもが少しずつ好き嫌いを克服できるようになったりして、基準にこだわらないメニューづくりは思わぬ効果ももたらしてくれました。親御さんのなかには、「給食の内容で入園を決めました」という方もいらっしゃるくらいです。

学校給食に抜本的な見直しを

私自身、和食も洋食も好きですし、世の中全体に洋食が浸透しているいまとなっては、すべての給食を和食にすべきとも思っていません。ただ、自国の文化、アイデンティティといってもよい和食を給食として出す際に、大量の油と牛乳をセットにしなければならない現状には少なからず違和感を覚えます。

そもそも学校給食法が制定された1954年は、戦後日本の食糧事情が最悪の状態で「栄養第一」に合理性のある時代でした。また、当時の米国にとっては、小麦、大麦、トウモロコシといった余剰農産物の輸出先として日本は格好の相手国でした（戦後の給食がパン中心になったのは米国の余剰農産物を処理するための対策だったといわれています）。

それから60年以上が経過し、わが国の食を取り巻く状況も大きく変わりました。学校給食のあり方を抜本的に見直すときが、いままさに来ているのではないでしょうか。

おわりに

世田谷ファーストクラスルームの園児は、おおむね3歳から6歳までの18人。これが定員です。保育者は常時3～4人、北欧と同じ職員配置基準を採用しています。年齢の異なる子どもたちがひとつの部屋で過ごす、異年齢教育体制をとっています。

小さな園だと思われるかもしれませんね。たしかにそうです。でも、少人数・小規模で子どもたちと密に接する保育をするにはこのくらいの規模が最適だと私は考えています。そして世界基準で見れば、このくらい小規模なほうが一般的です。また、画一的で無駄の多い園にしないため、あえて認可外保育にしています。

日本の保育現場で考えられているような「大人数だからコミュニケーション能力が育つ」「大人数にもまれてたくましくなる」というのは、実は間違った認識です。むしろ大人数クラスであることが先生に対しても無駄な状態になりやすく、丁寧に応答的対話をするような環境ではないためコミュニケーション能力も抑えられます。子ども同士でも好きな友達だけとグループ化し、嫌いならば無視すればいいという関係性になりがちです。一人ひとりの個性を尊重し、子ども同士もその違いを尊重できるように援助するのは大人数クラスでは相当難しいのが現実だと思います。

規模は大きいほうがよく、みんな横並びで成長していくのがいい、分別をわきまえた「おりこうさん」にさせるが、日本の典型的な保育です。窮屈に育てられた子どもは、将来、世界で活躍する大人に育っていきません。世界的に見て、「保育後進国」といってもいいでしょう。

この本は、ご家庭や一般の方にわかりやすく読んでいただけるよう、幼児教育や心理学の理論に実践のエピソードを加えて紹介したものですが、お役に立ちましたでしょうか。「理論」と謳っている以上、10年後、20年後に読んでも違和感がないものをと思って書きまとめましたが、方法についてはみなさんそれぞれの立場で柔軟に考えてほしいと思っています。

不十分な点もあると思いますが、私自身はさらにみなさんに新しい発見をご報告できるよう、毎日を過ごして参りたいと思っています。

子どもたちがどのように将来リーダーシップを発揮しながら、未来をイノベーションしていくのか、続編を書くことを楽しみにしています。そして、ひとつの園の経営者として、わが子の将来のためにと頑張っているみなさんを心から応援しております。

『未来は美しい夢を信じる人のためにあります』
The future belongs to those who believe in the beauty of their dreams.

〜エレノア・ルーズベルト

橋井健司（はしい けんじ）

静岡県生まれ。1993年から2006年まで外資系企業でオーガナイザーとして総務省、厚生労働省、文部科学省などの支援を得て、新たな産業の育成と発展を促すコンベンション事業を指揮する。2001年1月に副支社長を経験。大学、官公庁、企業の幅広いスペシャリストと交流を持ち、海外ではアメリカ、中国、インドネシア、ロシア、韓国、ドイツ、フランス、ブラジル等、十数か国のネイティブと価値観を共有する共同事業を経験。
2007年1月、新教育デザイニング株式会社設立。同年3月、幼児園First Classroom世田谷を開園。グローバル基準の保育を実現するため、あえて認可外を貫き、異年齢教育を特徴とした独自のカリキュラムに基づく保育を実践している。世田谷で一番高い料金でありながら、入園は常に空きがないほど高評を得ている。2011年6月社会福祉法人マーガレット学園理事に就任。2016年12月株式会社SEEWAYの監査役に就任。園長業に従事しながら、現在もアジア各国との事業に関わっている。

●ホームページ
http://www.firstclassroom.jp/

●ブログ「幼児教育とグローバル基準の保育」
http://innovative-sprout.com/

世界基準の幼稚園
6歳までにリーダーシップは磨かれる

2017年10月20日 初版1刷発行
2019年 7 月30日 3刷発行

著　者　橋井健司
発行者　田邉浩司
発行所　株式会社 光文社
〒112-8011 東京都文京区音羽1-16-6

編 集 部 ☎03-5395-8172
書籍販売部 ☎03-5395-8116
業 務 部 ☎03-5395-8125
メ ー ル non@kobunsha.com
落丁本・乱丁本は業務部へご連絡くだされば、お取り替えいたします。

組　版　近代美術
印刷所　近代美術
製本所　榎本製本

ISBN 978-4-334-97957-7

■好評既刊

岡本安代 著

日本一忙しいワーキングマザーが編み出した

子どもマネジメント

四六判・ソフトカバー

「チーム家族」が機能し始めると、子どもたちの関係が大きく変わる！

家族というチームを運営するために親に必要なのは「マネジメント能力」だった？　人気バラエティ番組で大反響を呼んだ大家族女子アナの子育てテクニックを一冊に凝縮。三男二女を持つ超多忙な〝ママウンサー〟は「いかに効率的に」「いかに前向きに」家族というチームを運営しているのか。